传统文化经典现代解读

王翼成 著

周易

易理与实体经济企业管理

西北大学出版社

·西安·

图书在版编目（CIP）数据

《周易》易理与实体经济企业管理 / 王翼成著 . —西安：西北大学出版社，2023.9

ISBN 978-7-5604-5199-2

Ⅰ. ①周… Ⅱ. ①王… Ⅲ. ①《周易》—应用—企业管理 Ⅳ. ①F272

中国国家版木馆 CIP 数据核字（2023）第 159829 号

《周易》易理与实体经济企业管理
ZHOUYI YILI YU SHITI JINGJI QIYE GUANLI

著　　者	王翼成
出版发行	西北大学出版社
地　　址	西安市太白北路 229 号　　邮　编　710069
网　　址	http://nwupress.nwu.edu.cn　　E-mail　xdpress@nwu.edu.cn
电　　话	029-88303593　88302590
经　　销	全国新华书店
印　　装	西安华新彩印有限责任公司
开　　本	787mm×1 092mm　1/16
印　　张	16.75
字　　数	266 千字
版　　次	2023 年 9 月第 1 版　2023 年 9 月第 1 次印刷
书　　号	ISBN 978-7-5604-5199-2
定　　价	59.00 元

本版图书如有印装质量问题，请拨打电话 029-88302966 予以调换。

序 言

《周易》作为经典中的经典，长期以来就存在着多种不同的解读，当然也就存在着对其所蕴含智慧思维的多种应用。这其中有两大应用很有影响：

其一是作为卜筮之术，也就是现代人所说的预测科学，《周易》智慧在玄学中毫无疑问处在最重要的位置，其影响之大、流传之广、流派之多，是其他经典无法比肩的。

其二是作为哲学思想，《周易》当之无愧居"群经之首"，一直以来被认为是中国古老哲学思想的源头，被尊奉为中国传统哲学思想的原典。

那么，在今天这样的环境条件下，能否跳出玄学，活用易理，使其哲学思想在更广泛的领域里得到应用，发挥《周易》智慧的力量呢？这是一个值得思考更值得研究的有意义的大问题。

比如说，可否根据八卦易象之说的基本原理，把《周易》六十四卦与现代企业管理结合，用六十四卦的哲学思辨、智慧论述全面系统地剖析现代企业管理中的具体问题，并揭示其化解之道，做到让古老的思想智慧为现代社会服务？目前市面上已经有不少这方面的研究成果出版，但是还没有活用易理，用六十四卦架构完整、全新的管理思想体系的成果。而本书即尝试进行初步的研究探索，以期架构这一全新的管理思想体系。

从最初灵光乍现的设想，到最终完成对该新体系的系统论述，这个过程是漫长而艰难的。

首先，是对应用领域和对象的取舍。现代经济包罗万象，本身就是一个庞大而复杂多变的系统，对很多领域和组织，笔者还缺乏认知和了解，所以，最终选择以实体经济也就是传统意义上的生产型及生产服务型企业作为应用对象，因为笔者对这类企业相对来说有一定的认知和了解，这类企业在经营运行中也具有大致相同的特点，面临的问题也大同小异。而一些创新型企业、互联网企业，其运行模式还需要进一步研究，面临的问题也各不相同，没有可比性和普遍代表性，所以暂时不考虑将其作为应用对象。

其次，是根据八卦易象之说，把企业管理中的具体问题进行归纳概括，使之与八卦象数对应，能直接置于八卦体系之中，这相当于这个全新管理思想体系的基础建设。尽管实体经济企业管理的问题林林总总、方方面面，但经过抽象概括，笔者将实体经济企业管理中的基本问题归纳总结为八大类：领导班子、资金管理、生产技术、营销与企业文化建设、外部资源、企业人力资源、规章制度、高管团队。这样的归纳总结就是为了与八卦象数易理相匹配对应，以便建立基础模型。具体来说，把这八大类基本问题置于八卦易象之中，分别对应乾、兑、离、震、巽、坎、艮、坤。这样的匹配，为后续对六十四卦的易理分析奠定了易理基础。

再次，以阐释六十四卦易理哲学思想为基础，在《周易》以理论道的哲学体系中，通过易象之说，把哲学思想与实体经济企业管理中的具体问题相结合，就事论事，揭示其问题的解决之道和应遵循的基本原则。

这样一来，周易六十四卦就与时俱进地成为一个全新的管理思想体系，一个具有一定借鉴意义、参考价值、借事说理的全新管理体系，初步实现了《周易》古老哲学思想体系向现代管理思想体系的应用性转变。

设想这样的体系架构，似乎不见得有多么困难，但要把这样的设想变成有实质内容的体系，却是非常艰难的。困难主要来自三个方面：

其一，是如何正本。周易六十四卦中的很多卦辞、爻辞，不仅晦涩难懂，而且历来有不同断句，说法不一、解释各异。如何正本，如何取舍，又如何为我所用，立一家之言又能自圆其说，难度很大。

其二，是如何转化。六十四卦侧重抽象思维、意象表达，如何把这一纯粹的古老的哲学思想转换成现代语言，既要能承接大家之说，又要言有新意，活用于对现代企业管理问题的阐释，难度很大。

其三，是如何创新。在这一全新的管理思想体系中，我们不仅要古为今用，而且要创新性发展，借用六十四卦六爻形式，创造性地提出企业管理六十四卦新说，完成旧瓶装新酒，这个难度更大。

把这样的想法变成现实，用现代语言表达六十四卦玄妙的智慧思维，笔者在创作过程中经历了太多的磨难，有时候原本清晰的理念反倒模糊不清了，而原来意识不到的困难却时时明晰而具体地摆在面前，就像拦路虎，又像不可逾越的大山。每每遇此,笔者都会产生动摇甚至是要放弃的念头,好在放置一段时间后又能再次打开文档续写新篇,就这样断断续续地坚持了下来。

几度寒来暑往,几年间数易其稿,山重水复,柳暗花明,在克服重重困难之后,终于完成了这一全新管理思想体系的文本写作。现在,不揣冒昧把它呈现出来,希望得到专家、学者及广大读者的批评指正。

是为序。

王翼成

2022 年 10 月 26 日

目录

序　言 …………………………………………………………… 1

绪　论 …………………………………………………………… 1

第一篇　领导者及其系列问题

第一章　乾卦:企业领导班子建设与管理的基本原则 …… 7

第二章　履卦:领导者资金管理之道 ………………………… 12

第三章　同人卦:领导者生产技术管理之道 ………………… 15

第四章　无妄卦:领导者营销管理之道 ……………………… 19

第五章　姤卦:领导者公共关系管理之道 …………………… 23

第六章　讼卦:领导者人力资源管理之道 …………………… 27

第七章　遯卦:领导者制度建设与管理之道 ………………… 31

第八章　否卦:领导者高管团队管理之道 …………………… 35

第二篇　资金系列问题

第一章　夬卦:资金管理与领导者决策 ……………………… 41

第二章　兑卦:企业资金管理的基本原则 …………………… 44

第三章　革卦:资金运用与生产技术革新 …………………… 47

第四章　随卦:资金运用与营销和企业文化建设 …………… 51

第五章　大过卦:资金与外部资源管理 ……………………… 55

第六章　困卦:资金管理与全员参与之道 …………………… 59

第七章　咸卦:资金管理中的制度建设 ……………………… 63

第八章　萃卦:资金管理与高管团队 ………………………… 66

第三篇　生产技术系列问题

第一章　大有卦:生产、技术与领导之策 …………………… 71

第二章　睽卦：生产技术与资金矛盾的解决之道 ……… 74
　　第三章　离卦：企业生产技术管理之道 ……………… 78
　　第四章　噬嗑卦：生产技术管理与营销规划 …………… 82
　　第五章　鼎卦：生产技术管理与借力"外脑"资源 ……… 86
　　第六章　未济卦：生产技术管理与人力资源管理 ……… 90
　　第七章　旅卦：生产技术管理与规章制度建设 ………… 94
　　第八章　晋卦：生产技术管理与高管团队 …………… 97

第四篇　营销宣传系列问题
　　第一章　大壮卦：营销宣传与领导班子 ……………… 103
　　第二章　归妹卦：营销宣传与资金支持 ……………… 106
　　第三章　丰卦：营销宣传与生产技术 ………………… 109
　　第四章　震卦：营销活动与企业文化建设的基本原则
　　　　　　…………………………………………………… 112
　　第五章　恒卦：营销宣传与公众管理 ………………… 116
　　第六章　解卦：营销宣传与发动群众 ………………… 120
　　第七章　小过卦：营销宣传与规章制度 ……………… 124
　　第八章　豫卦：营销宣传与高管团队 ………………… 128

第五篇　外部资源管理系列问题
　　第一章　小畜卦：公众管理与领导班子 ……………… 135
　　第二章　中孚卦：公众管理与资金支持 ……………… 138
　　第三章　家人卦：公众管理与生产技术 ……………… 141
　　第四章　益卦：公众管理与营销宣传 ………………… 144
　　第五章　巽卦：客户及公众管理的基本原则 ………… 148
　　第六章　涣卦：公众管理与群众队伍 ………………… 152
　　第七章　渐卦：公众管理与规则制度 ………………… 156
　　第八章　观卦：公众管理与高管团队 ………………… 160

第六篇　人力资源管理系列问题
　　第一章　需卦：群众队伍与领导班子 ………………… 167

第二章　节卦：群众队伍与资金管理……………………… 171
  第三章　既济卦：群众队伍与生产技术…………………… 174
  第四章　屯卦：群众队伍与营销宣传……………………… 177
  第五章　井卦：群众队伍与公众管理……………………… 180
  第六章　坎卦：人力资源管理的基本原则………………… 184
  第七章　蹇卦：人力资源管理中的制度建设……………… 188
  第八章　比卦：人力资源管理与高管团队………………… 192

第七篇　规则制度系列问题
  第一章　大畜卦：规则制度与领导班子…………………… 199
  第二章　损卦：规则制度与资金管理……………………… 203
  第三章　贲卦：规则制度与生产技术……………………… 207
  第四章　颐卦：规则制度与营销宣传……………………… 210
  第五章　蛊卦：规则制度与公众管理……………………… 213
  第六章　蒙卦：规则制度与群众队伍……………………… 217
  第七章　艮卦：建立健全规章制度的基本原则…………… 220
  第八章　剥卦：规则制度与高管团队……………………… 224

第八篇　高管团队管理系列问题
  第一章　泰卦：高管团队与领导班子……………………… 229
  第二章　临卦：高管团队与资金管理……………………… 233
  第三章　明夷卦：高管团队与生产技术…………………… 236
  第四章　复卦：高管团队与营销管理……………………… 240
  第五章　升卦：高管团队与外部资源管理………………… 244
  第六章　师卦：高管团队与群众队伍……………………… 248
  第七章　谦卦：高管团队与规则制度……………………… 251
  第八章　坤卦：高管团队建设的基本原则………………… 254

绪　论

本书是为探讨《周易》思想智慧在现代社会实体经济领域如何有效应用而架构的全新管理思想体系。这一体系以易理为指导，以八卦象数为基础，以六十四卦为核心，全面解析实体经济企业管理中的八大类基本问题以及这些基本问题所形成的复合问题。正因为如此，在这一体系中，对六十四卦的解释在不违背其基本思想观点的基础上呈现出与众不同的特点，以全新的视角切入，做全新的解读，得到全新的结论，最终架构全新的体系。

为便于读者理解这一新体系的内容，我们需要从以下几个方面奠定基础：

一、关于八卦及其易象

众所周知，《周易》以高度概括、抽象的哲学思维，描述大千世界变化之象，揭示应对变化之道。易有六十四卦，由八卦叠加演变而成，所以说八卦是六十四卦的基础。而八卦的产生，源自太极思维和阴阳理论，最简单的说法就是：易有太极，是生两仪；两仪生四象，四象生八卦。这个说法与老子在《道德经》里所说的"道生一，一生二，二生三，三生万物"高度吻合。

当然这是指哲学观念层面的高度一致，在具体反映这一思想观念的形式上，《周易》却选择了更抽象而又更简单的符号表达。首先，是对阴阳概念的符号化，用一个长横线表示阳，用两个短横线表示阴，从而将抽象的哲学概念变成可视的符号。其次，是以阴阳为基础，使之互相结合，得到四个不同的组合，谓之四象，符号表达为阴阳叠加的两画，此时还不能称之为卦。最后，以四象为基础，再分别与阴阳两仪结合，得到八个组合，可以称之为八卦，其符号表达就是阴阳自下而上组合所形成的八个三画卦。

按照"易有太极，是生两仪；两仪生四象，四象生八卦"逻辑关系而得到的八卦，其顺序是固定不变的，人们称之为先天卦序，并分别冠以"乾、兑、离、震、巽、坎、艮、坤"之卦名。八卦代表世间万物的八种不同性质，每一卦不是具体指代某一个事物，而是指代某一种属性或存在状态，这就是所谓的卦象。先天卦序的卦象分别以"天、泽、火、雷、风、水、山、地"来象征。人们常说的"乾为天、坤为地"等说法就源于此。

八卦及其叠加之后形成的六十四卦，并不限于对自然现象的描述和被动反映，而是进一步抽象出八种属性的内在本质，并与人的主观能动性联系起来，这就是八卦所反映的事物的性质，如乾卦天之"刚健"、兑卦泽之"喜悦"、离卦火之"明亮"、震卦雷之"威武"、巽卦风之"顺从"、坎卦水之"险阻"、艮卦山之"止滞"和坤卦地之"包容"。这样，八卦就把对自然事物的描述与对社会人生的感悟贯通联系起来，从而形成借事说理、喻理论道的哲学体系，以天地万物之象，揭示人生智慧之行。六十四卦体系更是如此。

二、实体经济企业管理八大类问题及其与八卦易象的对应关系

本书试图基于《周易》建立全新的企业管理思想体系，要建构这一体系，首先要根据易理，把实体经济企业经营管理中的基本问题进行归类概括，以便把实体经济企业管理中的问题与八卦象数结合，进而与六十四卦结合。

经过分析概括，最终归纳总结出实体经济企业管理中的八大类基本问题，也可以说是实体经济企业经营管理中的八个主题：

第一是领导班子，即领导层成员和领导者个人。在股份制集团公司，就是董事会和董事长；在其他性质的企业组织中，也可以指企业所有者或者实际控制人。

第二是资金，包括资金流、财务运营、利润、价格水平、投融资管理等，但重点是资金的投融资管理。

第三是生产和技术，重点是生产管理、生产服务管理、技术应用管理、技术研发管理。

第四是营销与企业文化，重点是企业市场营销管理和企业文化建设管理，如广告宣传管理、公关活动规划管理、企业文化建设管理、全员培训与学习管理等。

第五是外部资源，主要是指政府、公众、社会媒体、供应商、合作者、竞争者、专家学者、顾问班子等，重点是确立处理这些关系的基本原则和管理方针。

第六是企业人力资源,即企业员工队伍建设与管理,重点是人才队伍建设与管理。

第七是规章制度,包括人事制度、岗位职责、绩效考核制度、奖惩制度、晋升制度等,重点是体制机制建设和制度体系管理。

第八是高管团队,即居于最高领导层之下并受最高领导层直接领导的高级管理者。在股份制集团公司,就是总经理及各位副总经理;在其他性质的企业组织中,也可以指具体负责企业经营的高级管理者。

这八个主题各有各的属性,根据其各自属性,可以在周易八卦易象系统中找到各自的存在,这样,八个主题与八卦形成对应关系:

领导者或者领导班子——乾卦;资金——兑卦;生产技术——离卦;营销与企业文化建设——震卦;外部资源——巽卦;人力资源——坎卦;规章制度——艮卦;高管团队——坤卦。

建立八个基本问题与八卦之间的联系,为分析解读六十四卦与管理系统的运行问题打个基础。一方面,通过解析八卦的哲学思想智慧,获得认识和解决这些问题的参考答案;另一方面,由八卦演变为六十四卦,为全面解析实体经济企业管理中错综复杂的问题提供基本的研判依据。

三、新体系的基本结构

关于新体系的基本结构,可以从微观和宏观两方面来说。

所谓微观结构,是指在对每一卦的解读和论述中,通过对卦辞、象辞、爻辞的易理解析,阐释其隐含的管理理念,借用周易古老哲学思想体系向现代管理思想体系应用性转变,并形成本书各章节体例结构:

1.解读卦辞,阐释其管理智慧;

2.解读象辞,阐释其管理智慧;

3.解读爻辞,阐释其管理智慧;

4.用每一卦的智慧所论检验对应的管理问题,提出思考关注之所在;

5.仿照周易体例,创造性地概括出具有现代管理学意义的新卦。

所谓宏观结构,是指对六十四卦的编排,以八卦先天卦序为基础,以"乾、兑、离、震、巽、坎、艮、坤"为上卦进行排序,分为八篇,对应领导、资金、生产技术、营销与企业文化、外部资源、人力资源、规章制度、高管团队八个基本问题;在每一篇又分为八章,依然按照八卦先天卦序排列,作为与该篇上卦对应的下卦,得到八个成卦,渐次展开,解析实体经济企业管理中的八个基本问题及其相互交错而产生的复合问题。

在这样的排列结构中,每一篇与篇目对应的那个卦,比如第一篇第一章、第二篇第二章,以此类推,到第八篇第八章,都是上下卦相同的同卦重叠。这样的同卦重叠,意味着不与其他因素发生关联,这就决定了这几章的内容重在阐释这一篇上卦所代表的管理问题,比如第一篇第一章揭示领导班子建设与管理的基本原则,第二篇第二章揭示企业资金管理的基本原则,以此类推,第八篇第八章揭示高管团队建设的基本原则。

这样的结构体系,完全是为了应对六十四卦易理应用体系内容的叙述,这样的排列也符合八卦纵横交错后的排列顺序。当然,从我们界定的实体经济企业管理的八个基本问题及其相互关系所形成的复合问题来说,也可以采用另外的排列方式,比如按照管理问题因素来排列,简单举例:领导班子与高管团队,分属乾卦和坤卦,六十四卦中有四个卦与此相关——乾卦、坤卦、泰卦、否卦,这样四卦就完整地阐释了领导班子建设与管理的基本原则,高管团队建设与管理的基本原则,领导班子与高管团队相互沟通的问题。这是一种灵活运用,便于读者更直接地找到自己重点关注的问题。

总之,作为一种尝试和探索,建立实体经济企业管理基本问题与八卦的对应关联,将古老的六十四卦体系创造性地演绎为与时俱进的全新管理思想体系,其目的就是活用易理,在六十四卦体系中找到解决实体经济企业管理问题的智慧答案。

第一篇
领导者及其系列问题

在本书所建构的实体经济企业管理体系中,领导者及其系列问题,是指以乾卦为上卦,并按先天卦序排列下卦所形成的八个成卦,即乾卦、履卦、同人卦、无妄卦、姤卦、讼卦、遁卦和否卦,分别阐释企业领导班子建设与管理的基本原则,领导者资金管理之道,领导者生产技术管理之道,领导者营销管理之道,领导者公共关系管理之道,领导者人力资源管理之道,领导者制度建设与管理之道,以及领导者高管团队管理之道。

第一章

乾卦：企业领导班子建设与管理的基本原则

在周易六十四卦中,乾卦代表君、首,也就是所谓的首领,在企业组织中就是最高领导者或者最高领导层。由于企业性质和组织结构不完全相同,因此乾卦所指代的领导既可以是领导者个人,也可以是领导班子所组成的领导集体。

企业最高领导者是企业所有问题的关键,领导者的追求和精神状态,决定企业能走多远、能发展多大、能生存多久。

乾卦六爻皆阳,代表着一种生机勃发的向上的力量,代表着执着的追求和矢志不渝的奋斗,是所有领导者"自强不息"品格属性的集中体现。

乾卦卦辞：元亨利贞。

【释义】元表示开始,亨表示发展、亨通,利表示和合,贞表示中正。

【管理之道】对所有领导者而言,带领团队干事业或创业,要善于把握良好的开端;掌控亨通的趋势;整合各种资源;坚守正确的追求。

立足新时代,用现代社会的思维也可以这样理解:元,是初心使命;亨,是路径选择;利,是力量聚合;贞,是正确的价值观念。由此,"元亨利贞"构成领导之道的四项"基本原则",即:牢记初心使命;明晰路径选择;善于整合资源;追求正确目标。所有的领导艺术、管理智慧、应变之策都是"元亨利贞"的具体化应用。

乾卦大象辞：天行健,君子以自强不息。

【释义】天道刚健,领导应当像天道那样成为强者,永不停歇地奋斗前行。

【管理之道】领导者最可贵的品质正在于不断追求,因而"自强不息"也就成为领导者的身份标志。

领导应该具有高天的阳刚之气,敢于决断、敢于行动,奋斗不息、前行不止。

乾卦初九爻:潜龙,勿用。

【释义】处在最底层的领导,不会发挥很大的作用。

【管理之道】龙,代表领导者,一个"潜"字,很形象地说明这是一个基层领导,而所面对的事情尚处在发展之始。基层领导,就是领导的最底层,说明你本身没有足够的能量展开大的行动;发展之始,说明事情尚没有发展到允许有大动作的时候,上级也没有明确授权,所以要学会在看似不作为的状态下有所作为。

所谓有所为有所不为,就是这种状态下的最佳选择。有所为,是说要完成好自己所承担的职责;有所不为,是说不要用太多长远的打算来影响目前的行为。所以处在基层、开局之始,要学会默默承受,隐忍而为。有很多说法可以作为借鉴:隐忍以待;静观其变;韬光养晦;默默坚守;以屈求伸。

未来之事交给未来,眼前之事自己做好。"潜龙,勿用"的智慧尽在于此。

乾卦九二爻:见龙在田,利见大人。

【释义】从最底层上升到一定的平台,可以有所作为了。

【管理之道】见龙在田,领导已经从基层有所升级,开始崭露头角,可以有所作为,也受到更高领导的关注。

在这样的情况下,领导要善于利用已有的平台,通过创造价值、提升业绩给组织带来利益,以此展示自己的才能,回报组织,回报培养和提携自己的人;也只有这样,才会得到进一步的培养和提升,到更高、更大的舞台上发挥作用。

乾卦九三爻:君子终日乾乾,夕惕若,厉,无咎。

【释义】始终努力,不断作为,同时要保持警惕,防范可能出现的问题,这样才不会有过错。

【管理之道】随着事业顺利发展和领导地位不断提升,领导者需要时刻保持小心谨慎,不仅要进一步发奋努力,实现健康可持续发展,而且要防范随时可能出现的不测风险,只有这样,才能在危机到来的时候泰然处之。

兢兢业业和居安思危都是领导者应具备的素养。唐诗有云:"泾溪石险人兢慎,终岁不闻倾覆人;却是平流无石处,时时闻说有沉沦。"

越是一帆风顺越要保持高度警惕。

乾卦九四爻:或跃在渊,无咎。

【释义】或进一步升进到更高层担任领导职务,或选择急流勇退,回归原来的位置,这样的行为本身都没有过错。

【管理之道】这一爻位,特指领导者由中下层进入高层,是"飞龙在天"的前奏,代表着将发生质的变化。

那么,面对这梦寐以求的机遇,有两个选择摆在面前:一是"跃",这是进;一是"渊",这是退。爻辞的意思很明确,这两种截然不同的选择都不错。

选择跃进,很容易被人理解,俗话说"人往高处走"就是这个理,更何况对于一个有理想追求、想干事业的领导者而言,机会就在眼前,绝无放弃的道理。有机会积极作为时,要乘势而上,不要错过发展的好时机。

选择不进,继续停留"在田""在渊",在原有的位置上做好自己的工作,更是一种难能可贵、有自知之明的智慧之举。因为如果一个领导者德不配位、才不配位,那么即使勉强跃进,最终对组织和个人也都是一种伤害,甚至是牺牲、毁灭。

想干事业,想干大事业,想拥有更大的舞台,对于一个有追求、有理想的领导者而言,是值得赞赏和肯定的,但是,一个领导者所期望的地位和平台,应该以自己的德才为前提,这就是所谓的"能位匹配"。大马拉小车,是对领导者个人能力资源的浪费;小马拉大车,则是对领导者个人的毁灭,也是对组织事业前景不负责任的表现。对一个领导干部真正的关心、培养、爱护,就是把他放到与其自身能力水平相适应的位置上,让他发挥作用、施展才华。

揠苗助长的做法,其结果不是培养而是毁灭。

乾卦九五爻:飞龙在天,利见大人。

【释义】居于领导层的最高地位,可以大有作为,给大家带来利益。

【管理之道】飞龙在天,比喻领导者德才配位,走上最高领导地位,在这样的状态下,唯有全心全意为人民服务而别无他选。

对"飞龙在天"的领导者而言,其拥有至高无上的地位,可以支配和调动全部资源，可以放开手脚施展自己的才能，实现自己的抱负，可以带领领导班子和组织成员"一心一意谋发展，聚精会神搞建设"，但不可把组织的事业变成自己的"独立王国"，更不可取天下之利为一己所有、奉一己之用。

事业大成之时，要为众人谋福利，这样才能更大更强。

乾卦上九爻：亢龙有悔。

【释义】力压最高领导，可能会给自己带来懊悔。

【管理之道】九五"飞龙在天"是承担历史使命的状态，那么在完成了自己的神圣使命之后，就应当适时隐退，让贤于后来者，使后来者居上，这样才有利于保持领导班子的有序更替，始终充满朝气和活力，万不可因为自己曾经的丰功伟绩而留恋于最高领导的宝座，不肯离去，更不可以"太上皇"自居，对继任者、接班人指手画脚，肆意干涉新一届领导班子主政治事。

所以，对于那些身已退、手还在、心不甘的最高领导者，乾卦以"亢龙"喻之，揭示其"有悔"的必然结局。因此，不管是谁，不管在最高领导岗位上多么风光无限，一旦完成了自己任期的职责，就应该自觉地选择"全身而退"，以"高风亮节"为自己的职业生涯画上一个圆满的句号，而不要因过分干政而自取其辱。

不管自己曾经多么英明，也应该懂得让后来者居上。

乾卦用九爻：见群龙无首，吉。

【释义】各级领导各司其职，很好。

【管理之道】此处所言"群龙无首"，不是现在所谓乱糟糟的意思，恰恰相反，是指井然有序，即所有的领导者各负其责、各安其位、各司其职，这当然是一种很好的局面了，所以是"吉"。

一个好的组织，在于有一个强有力的领导班子，而一个强有力的领导班子，恰恰在于每个人都明白自己的职责所在，并在自己的岗位上尽心竭力地做好分内之事，无须监督、无须提醒而不怠政、不懒政、不误事。

领导要善于营造人人尽职的局面，打造"百年老店"。

【乾卦智慧检验领导班子建设与管理之道】

乾卦卦辞、象辞、六爻和用九爻这个"非常6+1"的智慧模式为我们在管

理中考察领导班子提供了很好的启示,可以帮助我们认识或检验领导者的状态、策略、抉择以及责任担当等是否称职。比如:

领导层是否有求真务实的作风,而不是好高骛远?

领导层是否善于创造业绩?

领导层是否有风险意识和规避危机的能力?

领导者是否对自己的能力水平有一个清晰的判断,或者对领导层是否有能力考评机制?

领导层是否有独立决策和自主行动的权力?

领导层是否建立了有效目标任期机制?

领导班子成员是否形成了各尽其职的良好局面?

【仿乾卦】

初九:领导深入基层,应该多听、多看、多了解,不要追求形式上的咋咋呼呼、前呼后拥,不要下车伊始便指手画脚。

九二:利用已有平台,积极作为,有所贡献。

九三:持之以恒,敬业勤政,树立风险意识,居安思危,防患于未然。

九四:过犹不及,适可而止,做事恰到好处。

九五:利用自身力量,调动一切资源,创造价值,促进发展。

上九:培养接班人,及时让贤,给后继者腾出舞台。

用九:制度化安排,机制性运作,各安其位,各司其职。

第二章

履卦：领导者资金管理之道

领导者与资金管理的关系问题，在易象中可以用天泽履卦来反映。

天泽履卦，乾卦在上，兑卦在下，这是基本的卦象，上卦乾代表领导，下卦兑代表资金，这在六十四卦中就是天泽履卦。

"履"字的本义是强调履行职责，而资金管理本来就是企业领导重要的职责之一。资金管理重在开源节流，要实行严格的责任制，管好每一笔资金，把好资金使用的每一个关口，确保资金流动安全，确保资金周转带来效益，确保投融资风险可控。在六十四卦易理管理应用体系里，履卦阐释领导的资金管理之道。

履卦卦辞：履虎尾，不咥人。亨。

【释义】踩着老虎尾巴，但老虎并未回头咬人。结果亨通。

【管理之道】领导者与资金之间，的确有点伴君伴虎的特殊性。因为二者如果关系得当，则领导如虎添翼，无往而不胜；如果关系失当，则会如恶虎伤人，资金吞噬领导。所以，对领导层而言，资金管理一定要建立起严格规范而有效的管理机制，确保每一分钱都在制度的笼子里运行，只有这样才能驾驭资金而不被资金所奴役，才不会出现老虎咥人的结局。

履卦大象辞：上天下泽，履。君子以辨上下，定民志。

【释义】天在上，泽在下，是履卦之象。领导者应当明辨上下高低，确定各自的职责和方向。

【管理之道】实行责任制是一种有效的管理方式。

履行好自己的职责，首先是要明白自己的职责所在。我们常常看到很多地方写着"人人有责"的标语口号，但实际上很多时候是人人无责。所以，资金管理尤其要建立一整套完善的规章制度,确定每个相关部门的职责,各安其位,各司其职,各尽其力,各得其利。

履卦初九爻:素履,往无咎。

【释义】本分地履行职责,一直这样,不会有错。

【管理之道】资金使用是一件很严肃的事情,影响重大,所以,从一开始,就要坚守基本的原则,按程序规则办事,确保资金使用决策和资金使用行为不出错,确保每一笔投资都发挥应有的作用。

真正有效的规章制度往往是朴素简单的,那些看起来花里胡哨的条文未必能起到应有的作用。让看似简单的制度规章在切实执行中发挥有效作用,应该是衡量和检验制度化管理效果的重要标准。

履卦九二爻:履道坦坦,幽人贞吉。

【释义】履行职责的过程很平顺,但还是要保持谨慎。

【管理之道】投资决策应大胆而谨慎,不因大胆而莽撞,不因谨慎而错失良机。在看似毫无风险的时候要保持对危机的警觉,还要善于抵御诱惑,以规则为准绳,确保决策无误、执行结果无错。

履卦六三爻:眇能视,跛能履,履虎尾,咥人,凶,武人为于大君。

【释义】一目也能观,独脚也可行,但这毕竟是一种危险的状态,容易出错,最好是找到可依赖的对象而不是挑战。

【管理之道】投资获利,理所当然,但是需要认清自身,认清对象,认清环境,把握机会,选择最有利的项目,不追求与自身实力、专业特长、管理水平不相称的利益目标;更不要自以为是,以为有钱就可以打遍天下无敌手。

履卦九四爻:履虎尾,愬愬终吉。

【释义】对于出现的危机保持小心谨慎的态度,这是正确的做法。

【管理之道】小心再小心,谨慎再谨慎,小心驶得万年船,投资决策不可能没有风险。

风险投资,考验的正是决策者的理性思维,只要保持足够的清醒和理智,就可以化险为夷,最终投资获利,吉祥如意。

履卦九五爻:夬履,贞厉。

【释义】果断,但不刚愎自用,否则很危险。

【管理之道】身为领导层的决策者,要有当机立断的魄力,必要时敢于拍板决断。但是,这种决断要以严谨的可行性分析和不可行性分析为基础,以全面、辩证地看问题和广泛、民主地讨论为前提,否则就走向了"一言堂"。

果决不是刚愎自用。

履卦上九爻:视履考祥,其旋元吉。

【释义】对结果进行考量,圆满才是大吉。

【管理之道】任何一笔投资决策,究竟正确与否,只能用最终的结果来衡量。所以,要建立全面的考核指标体系,对资金运营做全面考量、全面分析、全面总结。

【履卦智慧检验领导层资金管理之投资管理】
用怎样的机制确保每一笔投资发挥作用?
怎样防范和避免投资中的风险?
如何防范盲目投资?
面对投资冲动和预期收益诱惑,怎样保持清醒?
决策之前是否有可行性分析和不可行性分析?
是否确立了科学合理的绩效考核指标体系?

【仿履卦】
初九:以遵守规则为本分,一切按程序办事,确保行为无错。
九二:投资决策大胆而不莽撞,谨慎而不错失良机。
六三:从自身实际出发,量力而行,忌盲目投资。
九四:对风险投资要有理智清醒的认识。
九五:领导层要善于全面分析,科学决策。
上九:建立全面考量指标体系,对投融资行为和结果进行总结分析。

第三章

同人卦：领导者生产技术管理之道

企业生产和技术，在八卦易象中排列在离卦，与代表领导者的乾卦结合，乾卦在上，离卦在下，在六十四卦体系中就是天火同人卦。同人卦揭示领导高度重视生产发展与技术创新的管理之道、领导之方、决策之选。

突破制约生产和技术发展的瓶颈，不应是某一个人的独角戏，不光是领导层的事情，也不单单是生产技术人员的事情，而应该是包括广大员工在内的全体成员的事情，必须要团结众人，群策群力，在更大的范围内寻求同盟者，最终取得突破。从这个意义上讲，同人卦阐释的是领导层对待生产和技术管理的基本原则。

同人卦卦辞：同人于野，亨。利涉大川，利君子贞。

【释义】广泛地与人交往，亨通。走得通，走得正。

【管理之道】生产技术创新突破，一定要团结众人的力量，发挥众人的智慧。而要团结众人，就必须有博大的胸怀和广阔的视野，集思广益。

生产和技术研发，一定要坚守正道，拒绝假冒伪劣，拒绝投机取巧，用实实在在的质量和实实在在的技术奠定发展的基础。

同人卦大象辞：天与火，同人。君子以类族辨物。

【释义】天与火构成同人卦。领导应该通过分门别类认识和处理不同问题。

【管理之道】领导应分门别类，以不同的智慧和策略解决生产发展和技术创新问题。很多时候，技术只是一种手段，重要的是分析问题的思维方法。

从不同的角度认识问题，带给大家全新的启迪，这正是领导应该具备的素质和能力。对领导而言，重要的是出思路、指方向、定原则。

同人卦初九爻：同人于门，无咎。

【释义】在门外与人和同，不会有过错。

【管理之道】要有效解决生产和技术问题，就不能偏狭，而应该抛弃门户之见，广泛听取来自不同方面的建议。只有敢于走出去，才有可能请进来，而请进来是为了以后更好地走出去。

大视野成就大格局，大格局促成大思维，大思维形成大策略，大策略促进大发展，大发展实现大目标。

同人卦六二爻：同人于宗，吝。

【释义】只与同宗的人和同，缺乏博大胸怀，是小气的，也是有问题的。

【管理之道】加强内部团结，凝聚大家的力量，这样的做法没有错。当自身力量有限时，就应当积极向外结盟，寻求更大的帮助力量。没有这样的认识和胸怀，难免小家子气。

解决生产和技术中的问题，要充分发挥本企业生产人员和技术人才的作用，这是首选，没有错误，但是积极借用外脑，聘用外来专家，也是提高解决问题效率的正确选择。二者相得益彰，都是为了生产发展和技术进步，都有助于实现创新和升级换代。

同人卦九三爻：伏戎于莽，升其高陵，三岁不兴。

【释义】在草丛里设置伏兵，又登上高阜四处观察，但很长时间没有结果。

【管理之道】尽管领导层有诚意集思广益，想在更大范围内寻找到可以和同的力量，但是未必不会遇到困难和障碍，也许会因为双方意见不一致而产生严重分歧，这时候，彼此坦诚相待就显得十分可贵。如果有一方搞小动作，相互拆台甚至人为设置障碍，或者借着分歧而搞小团体自我封闭，都会导致问题更加严重。如果对方卡脖子搞封锁，会迟滞己方发展，导致长时间无法取得理想的效果。这是生产技术创新中落后一方经常遇到的问题，对此要有足够的认识和应对准备。

同人卦九四爻：乘其墉，弗克攻，吉。

【释义】凭借城墙，但没有采取攻击行为，这样做就很好。

【管理之道】牢牢占据自己的平台，进行有效的资源整合，形成自己独特的优势,这是得到外部智力资源的基础,也是寻求外援时可以讨价还价的砝码,但不应成为打压对方的资本。生产技术进步应追求循序渐进,有利有节,有所为有所不为。

同人卦九五爻:同人先号咷而后笑,大师克相遇。
【释义】双方先号啕大哭,后来又开怀大笑,因为强大的军队克敌制胜而使彼此相遇。
【管理之道】生产发展和技术进步随时都会遇到很多困难,领导层对此要有清醒的认识和心理准备,要有敢于面对挑战、彻底战胜困难的决心和气势。有困难不可怕,可怕的是在困难面前丧失勇气和信心。领导班子正视困难,调动自己拥有的全部力量,带动结盟之师形成解决问题的强大力量,最终可攻克难关。

同人卦上九爻:同人于郊,无悔。
【释义】在郊外与人和同,不会令人后悔。
【管理之道】在独立自主的原则和前提下寻求合作的力量,解决生产和技术发展问题,实现创新进步。

让出一部分利益,是为了实现更大的利益;开放市场,是为了吸引外资和引进技术;吸引外资和引进技术,是为了提升自己的综合实力。始终坚持这一基本原则,确保"我的地盘我做主"。

【同人卦智慧检验领导对待生产技术之创新管理】
有没有听取不同方面意见的意识习惯和工作机制?
如何处理挖掘内部智慧与寻求外部力量的关系?
如何在意见不一致时确保行动正常、工作正常?
如何确立寻求突破的目标?
面对压力困难时启动怎样的机制渡过难关?
如何通过利益取舍寻求结盟、追求双赢?

【仿同人卦】
初九:抛弃门户之见,实行开放,广泛吸纳各方资源和力量。

六二：以我为主,把内部力量与外部智慧结合起来。

九三：谨防恶意封锁、长时间僵持而错过采取行动的机会。

九四：形成独特优势,放弃达不到的目标追求。

九五：领导要有战胜困难的信心,并将内外力量结合。

上九：坚持独立自主原则不动摇。

第四章
无妄卦：领导者营销管理之道

这里的营销管理，是一个宽泛的大营销"类概念"，包括市场营销、公关营销、广告宣传、对外形象展示、企业文化建设、内部学习培训等具体内容。这些内容在具体实施过程中尽管形式各异、目标不同，却具有一个相同的根本特征，就是蓄势造势、施加影响、树立企业形象、提升企业美誉度。

领导者与"大营销"，在八卦易象中分属乾卦和震卦，乾上震下，则二者结合对应的就是六十四卦中的天雷无妄卦。

无妄卦所说的"妄"，是指不合理，"无妄"就是没有不合理的行为举动和胡乱猜想，所以无妄卦就其实质而言是强调尊重规律、实事求是。这一思想方法在现代组织管理中的具体运用就是标准化规范、制度化约束、程序化运行。

把"无妄"理念贯彻到企业营销、广告宣传、企业文化建设、内部培训等方面，更突显尊重规律的重要性，因为在这些方面，任何心术不正、动机不纯、心存侥幸的举动，都注定要付出惨痛的代价。虚张声势、弄虚作假到头来一定自毁形象。

无妄卦卦辞：元亨利贞。其匪正有眚，不利有攸往。

【释义】顺应事物发展规律，必然亨通。如果妄为，则必生灾变，不利于达成目的，不利于实现目标。

【管理之道】妄为之举不可取。

营销活动、对外宣传和展示、内部学习培训、推进企业文化建设，都有其规律可循，顺应规律趋势，就可以收到良好效果，但若急于求成、急功近利，就可能导致形式主义，也可能过分强调主观愿望和主观意志，不恰当地加速某些工作，结果很可能适得其反。

无妄卦大象辞：天下雷行，物与无妄。先王以茂对时育万物。

【释义】天空之下有雷在动，万物皆默默承受，毫无虚妄。君王以此领悟应勤勉努力，按季节时令化育万物。

【管理之道】自然界风调雨顺之时，万物皆各得其所、畅意成长；当狂风暴雨发作之时，万物皆各安其所、默默承受，这就是自然界的无妄之象。身为领导，应该透过这般景象有所感悟：不管市场状况是好是坏，营销活动都应该有条不紊地按照符合规律的做法推进；文化建设活动也应该从实际出发、有序推进。

所谓按规律办事，就是在合适的时间、合适的地点，通过合适的人，用合适的方法，把合适的事情做到合适的程度。

无妄卦初九爻：无妄，往吉。

【释义】不妄为地前行是吉利的。

【管理之道】有追求不等于可以不顾一切，有想法不等于可以自以为是。

懂得实实在在地按照规律办事，才会获得预想的结果。营销活动和企业文化建设都要求脚踏实地去做，尤其是开局要好。

丢掉自以为是、一厢情愿、想当然，尊重各项专业工作的特点和规律，科学谋划、精心组织、认真实施，并根据实际情况随时进行调整，这本身就是具有普遍规律性的指导原则，也应当成为企业营销活动和企业文化建设的指导原则。

无妄卦六二爻：不耕获；不菑畬，则利有攸往。

【释义】不在意耕获因果，不计较菑畬转化，应时而为、顺势而为有利。

【管理之道】凡事都有因果，也有转化，这是事物发展规律所致。

营销活动、企业文化建设、员工学习培训等，不可能旦夕之间立见成效，这好比开垦荒地，首先要付出艰辛的劳作，然后荒地才可能变成菑田（初耕之田），再变成畬田（已耕三年之田）。所以，在部署和实施营销活动、企业文化建设、学习培训活动之时，一定要抛弃立竿见影的不切实际的非分之想，不能用一分投入必须要有一分回报的要求来衡量眼前的活动成效。

无妄卦六三爻：无妄之灾，或系之牛，行人之得，邑人之灾。

【释义】无妄也会有灾难降临,就好像拴在一旁的牛被路人顺手牵走,村里的人因此而蒙受损失。

【管理之道】谨慎地推进工作,是完全正确的;严格地按照规章制度办事,也是应该的。但是这一切也无法保证结果不出错,这就是所谓的"天有不测风云"。

意外事故之所以成为事故,就在于其发生得意外,是我们无法预见也难以防范的。因此要正确对待工作中的此类事故,既要引以为戒,更要下不为例,要有"吃一堑长一智"的思想和方法上的进步,还要有"亡羊补牢,未为晚也"的机制上的完善。

无妄卦九四爻:可贞,无咎。

【释义】坚守正道,没有灾咎。

【管理之道】营销活动、企业文化建设、内部学习培训等一类活动既要轰轰烈烈,更要树立正确的方向,坚持用正确思想观点武装人,确保这一系列活动始终沿着正确道路前行,始终唱响"我们走在大路上"。

错误的市场营销,是对消费者的欺骗;虚假的企业文化理念,是对员工思想心灵的玷污。加强对营销活动的监督,加强对企业文化建设的引领,是领导班子必须要高度重视的重大问题。

无妄卦九五爻:无妄之疾,勿药有喜。

【释义】无妄状态下的小毛病,往往不治而自愈。

【管理之道】过多地干涉具体活动,有可能成为虚妄之举。因此卓越的领导更善于通过有效授权来充分调动各级主管和职能部门的工作积极性,给他们发挥作用留出空间,同时激活各部门防微杜渐的"免疫力",而不是动辄向他们施压。

层级化架构、制度化管理、专业化分工、程序化运行,不仅是现代企业组织的共同特点,也是需要全方位整合的动态系统。组织协调的领导力、有效运行的管理力、团队纠错的免疫力,都是在这一系统有序、活跃运行的情况下形成的。

无妄卦上九爻:无妄,行有眚,无攸利。

【释义】处在极端状态下,强行而为就会犯错,没有好处。

【管理之道】有条不紊地推进营销活动、文化建设活动、学习培训活动,并根据情势变化随时进行相应调整,这是一种更高水平的管理。

所谓待机而变、疾徐有度,包括行动节奏的调整变化、活动内容的调整变化、活动频率的调整变化、活动方式的调整变化。通过这些调整变化,可有效克服情势不利带来的负面影响。

【无妄卦智慧检验领导对营销活动、文化建设活动的指导管理】
企业文化建设、学习培训的根本目的是什么?
如何确保自己的目标选择是正确的?
如何把虚事做实、做好、做成?
为什么对意外事故要"下不为例"?如何引以为戒?
如何通过机制建设确保职能部门发挥自身作用?
组织的刹车机制是什么?如何发挥作用?

【仿无妄卦】
初九:用符合实际、能够达到的目标指导营销活动和企业文化建设。
六二:尊重规律,抛弃立竿见影的想法,做好过程,为良好结果奠定基础。
六三:认真分析发生意外的深层次原因,引以为戒,下不为例。
九四:加强对营销活动和文化建设活动的方向引领和路径管控。
九五:领导班子有效授权,充分发挥各职能部门的自主作用。
上九:待机而动,随时根据外部环境变化对营销活动、文化建设活动、学习培训活动进行调整。

第五章

姤卦：领导者公共关系管理之道

领导在组织指挥企业生产经营的过程中，不可避免地要与公众、媒体、顾客、合作伙伴、竞争者、上级领导、政府机关、资源供应者等发生直接或间接的关系，而这种关系，会对企业的生存和发展带来或有利或不利的影响，严重时甚至会影响到组织的前进方向。因为顾客、公众、媒体、合作者、竞争者、政府、资源供应者等，构成企业生存和发展的社会环境因素，这些环境因素可以成为积极的促进力量，也可以成为消极的阻碍力量，前者如同是"贵人相助"，后者则犹如小人作祟。

因此，站在组织领导者的角度来看，必须高度重视并处理好企业与社会软环境要素之间的关系。这一关系，从八卦易象来看，领导属乾，社会环境要素属巽，乾上巽下，就是六十四卦中的天风姤卦。

"姤"的本义，就是指不期而遇。企业是社会分工的产物，社会环境要素对企业的影响，企业自身回避不了，甚至无法预料其何时何地因何故与企业不期而遇，所以领导层必须高度重视、认真对待，利用这些要素发挥积极影响和作用。

姤卦卦辞：女壮，勿用取女。

【释义】遇到正在壮大的阴小势力，不可以与之有瓜葛。

【管理之道】社会软环境如果有不利于组织发展的要素，就要想方设法与之保持必要的安全距离，尽可能回避与之发生联系，更不可使之对组织发展产生直接的影响。

懂得规避、善于规避、选择规避，是面对不利因素时的上佳、智慧之举。

姤卦大象辞：天下有风，姤。后以施命诰四方。

【释义】天下有风,这是姤卦之象。君主发布政令如风行天下,昭告四方,无处不在。

【管理之道】一个组织的领导不仅要有自强不息的精神品格,还要使领导的决定在组织内部如风行天下一般让每个成员都有所了解,并要尽可能多地获得来自社会各方面的支持。社会软环境里始终存在着正面的影响力量,这种可以称之为"贵人的力量"如风般既无处不在,又无形无象,需要领导者很好地把握和利用。

姤卦初六爻:系于金柅,贞吉,有攸往,见凶。羸豕孚蹢躅。

【释义】刹车牢固,确保安全。阴小势力如同瘦弱的猪,任其发展就会有危险。

【管理之道】领导要能够及时发现社会软环境中可能影响组织发展的不利因素,做到防患于未然。如果自身能力水平有限,应当向贵人求助,帮助自己看清问题所在,在关键时刻发出预警信号,必要时立即刹车,不可因为不利因素目前还比较弱小而疏忽大意。防患于未然的智慧就在于祸患未发之时就规避了。

姤卦九二爻:包有鱼,无咎,不利宾。

【释义】像用草袋子包鱼一样对待阴小势力,不会错,任其发展就会造成其他伤害。

【管理之道】发现问题之后,要采取一定的措施解决问题,不可使其继续存在,更不能任其泛滥成灾。一个很有用的办法就是在基层组织中建立第一道"防火墙",把不利因素的影响消灭在萌芽状态,不致危机变成现实,不使问题蔓延至更大范围。

姤卦九三爻:臀无肤,其行次且,厉,无大咎。

【释义】臀部没有完好的皮肤,行动踉跄徘徊,虽然有难,但无大灾。

【管理之道】在组织受到不利因素影响,即将造成一定伤害的情况下,应当意识到问题的严重性,并且及时向外求助,借助社会软环境中的贵人之力、之智,该出手时就出手,化危机于即发。大意必定铸成大错,翦除其萌芽定无大咎。

姤卦九四爻:包无鱼,起凶。

【释义】包容不了小人,对自己来说可能是坏事情。

【管理之道】站在领导层的角度来看,重视社会软环境,发展人际关系圈子,一定要有容人之量、容人之心,还要有融入之道,善于打成一片,这样才可以最终消弭不利因素的影响,这就是融事之术。

领导既要善于寻求贵人,以得贵人相助,也要善于包容小人,以柔克刚,勿使其加害于己。

姤卦九五爻:以杞包瓜,含章,有陨自天。

【释义】像用杞柳包盛易腐烂的瓜果一样,以自身的美德和力量防范歪风邪气,使之陨落消亡。

【管理之道】要赢得社会环境中积极因素的支持,防范消极因素的影响,对领导者提出较高的要求,那就是要以自身的品德和人格魅力为基础,消除人际隔阂,发展价值关系,并合理使用正确手段,使消极因素在自己面前销声匿迹。对贤德者敬而亲之,对宵小之人畏而远之,这是古人的智慧总结。

姤卦上九爻:姤其角,吝,无咎。

【释义】如兽之角高高在上,因没有同类相遇而孤独,又因不遇而免受玷污。

【管理之道】如果社会软环境中有太多的消极负面因素,应该选择孤傲地洁身自好,确保自身不被随意侵犯,确保组织远离消极因素而不受其玷污,确保决不与歪风邪气同流合污。

【姤卦智慧检验领导对社会软环境的应对之策】

领导者是否有见微知著的意识和防范机制?

对贵人的建议是否落在实处?

力不从心时能否借到贵人之力、之智?

是否有容人之量、融和之智、融事之术?

能否做到用正确方法解决危机问题?

找高人更要找高洁之人,谨防高污之人,是否能做到?

【仿姤卦】

初六：耳聪目明，见微知著，防患于未然。

九二：筑牢"防火墙"，将消极因素抵挡在外。

九三：善于借助外力消除组织内部的不利因素。

九四：以开放包容的心态接纳外部的意见和建议。

九五：以德服人，扬善抑恶。

上九：亲近高洁之人，远离高污之人。

第六章

讼卦：领导者人力资源管理之道

领导是乾卦，群众是坎卦，乾上坎下，在六十四卦中就是天水讼卦。

"水能载舟，亦能覆舟"绝对不是笑谈，而是对历史上王朝兴衰、社稷存亡、帝业成败的经典概括，说明在群众中蕴藏着巨大的力量，可以成为事业发展的推动力，也可以成为颠覆事业的破坏力。领导与群众关系处理不好，又往往会引发一系列矛盾，严重时会诉诸法律。所以，领导者一定要认真对待与群众的关系，兴水之利、绝水之患。处理好领导与群众的关系，往往是团队建设、事业发展重要的基础所在，因此，必须予以高度重视，认真对待。

讼卦所论，阐释领导应正视矛盾并有效解决矛盾的智慧思维，避免矛盾升级，强调领导与群众上下沟通的重要性及其原则。

讼卦卦辞：有孚窒，惕中吉，终凶。利见大人，不利涉大川。

【释义】有诚信，但要警惕因交流不畅而阻滞，对此要保持中庸思维，不走极端。一味争讼，其结果不好。要寻找指点迷津的人，不要采取过激行为。

【管理之道】矛盾往往是因为沟通不够、交流不畅产生的。领导处理与群众的关系，原则之一是诚信以待、坦诚相见；二是不回避矛盾、不掩盖矛盾，把一切都放在阳光下，有助于解决矛盾；三是积极引导、消除对立，避免极端化决策；四是先易后难、循序渐进，做好宣传解释工作，而不是急于采取大动作。

讼卦大象辞：天与水违行，讼。君子以作事谋始。

【释义】天与水相违而行，这是讼卦之象。君子领悟到做任何事情都要从谋划开始。

【管理之道】所谓谋定而后动，就是说从一开始就审慎谋划，为后续行动提供有效的指导，不管是群众队伍建设还是处理领导与群众的关系，这一基本原则都是正确的,必须坚持。随时关注群众队伍中的细微变化,尽可能多地了解群众的所思所虑、所欲所求、所愿所怨,制定相应的解决措施,防止矛盾和纠纷的发生,更不应将问题扩大到争讼打官司的地步,不能把宝贵的时间和精力消耗在没完没了的争论之中。

讼卦初六爻:不永所事,小有言,终吉。

【释义】不要长久争讼,虽然有小的麻烦,但最终会吉祥。

【管理之道】在群众队伍出现任何问题之初,就要高度重视,力求迅速解决,把小的麻烦消灭在尚未成势之时,这样才可保证最终不会有大麻烦。面对不同的认识和观点,要给予争辩的机会,但是,争辩不是为了争口舌胜负,而是为了明辨是非、统一认识,利于采取团队行动。

讼卦九二爻:不克讼,归而逋,其邑人三百户,无眚。

【释义】官司败诉,只好归去,而不牵连其他人员。

【管理之道】当领导有意识地引发一场大讨论的时候,要牢牢把握讨论的走向,通过大讨论甚至大辩论,消除隔阂、消除分歧,凝聚共识、凝心聚力。在弘扬正确理念的同时,还要关注那些持不同意见和看法的人,帮助他们回归到团队中来,而不是任由他们隐身而退,更不能由他们转身离去,这才是负责任的做法。

讼卦六三爻:食旧德,贞厉,终吉,或从王事,无成。

【释义】借助先祖余德,守正历险,最终吉利。或许追随领导,但成果不大。

【管理之道】在团队中,总有一些人不愿轻易参与到讨论争辩之中,他们或许坚守自己的道德标准,或许坚守自己的工作岗位,默默承受着矛盾和压力而尽职尽责,专注于做好自己的分内之事。这些人所表现出来的职业素质起码是无害的,是值得肯定的,但是如果因此而给这些人更大的舞台,则未必能带来更好的结果。所以要因人而异,想干事的给机会,能干事的给舞台,干成事的给待遇。

讼卦九四爻:不克讼,复即命,渝安贞,吉。

【释义】争讼不胜,回归正道,改变自己,安于正理,吉利。

【管理之道】领导层要勇于面对自己的不当、不足之处,及时调整,予以改正,而不是一意孤行。领导不可能永远正确,群众也不会始终不正确,通过讨论、辩论,领导层要善于发现自身的不当、不足甚至是不正确之处,并采取有力的措施加以纠正。行为上的拨乱反正是领导和群众共同的责任,指导思想上的拨乱反正则主要是领导层的任务。

讼卦九五爻:讼,元吉。

【释义】公正无私地裁判争讼,大吉大利。

【管理之道】领导层面对群众团队中的纷争、群众与管理者的纠葛、群众与领导层的矛盾,一定要公正裁决,不偏向任何一方,这是领导者应有的基本素质,也是对领导者使用权力的基本要求。有时候,群众有意见,不见得一定是要证明自己有理,而只是想得到一个公正的裁决。

讼卦上九爻:或锡之鞶带,终朝三褫之。

【释义】胜讼而获赏赐,或许一天之内又被剥夺。

【管理之道】在讨论争辩中,总有一方最终会胜出,其观点主张或许会成为主导思想、主流意见,受到追捧或奖赏,这固然可喜可贺,但不能因此而将其作为四处炫耀的资本。尤其对领导者而言,自己的思想观点被大家接受,更需要表现出谦逊、包容之德。得理不饶人不是本事,得理能容人才是境界。如果过分孤芳自赏或者肆意炫耀,可能会引起群众的强烈反感,最终落得一个得理、得胜而失去人心的结局。

【讼卦智慧检验领导与群众的沟通之道】
注意到你的团队中毁堤的蚁穴在哪里了吗?
是否意识到可以输掉官司但不能丢掉基本群众?
可以给大家提供机会,但更要提升能力水平,领导应当怎么做?
是否善于修正自己的错误,回归正道化解矛盾?
是否公正地裁决矛盾纠纷,还公道于群众?
比赢面子更重要的是赢人格、人心、人道,如何实现?

【仿讼卦】

初六：第一时间发现沟通障碍，并解决沟通不畅的问题。

九二：关注不同意见之人，帮助他们回归团队。

六三：用机制来保障想干事的给机会、能干事的给舞台、干成事的给待遇。

九四：领导层要善于发现自身的不足和不当之处，并改正之。

九五：领导层要公正裁决矛盾纠纷，给群众一个公道。

上九：得理得胜，更赢人心民信。谨防赢了面子失了民心。

第七章

遁卦：领导者制度建设与管理之道

规章制度是领导者实现对企业的有效管理,以确保其正常有序运行的重要工具,领导者与规章制度之间存在着密不可分的关系。从易象来看,领导者在乾卦,规章制度在艮卦,二者结合,乾上艮下,构成天山遁卦。

遁卦之"遁",本义是逃遁,在这里可引申理解为敬畏和规避,即对规则的敬畏,对禁令的规避。遁卦在六十四卦易理管理思想体系里揭示的是领导驾驭规章制度实现管理之道。

建立健全且行之有效的规章制度,是现代组织实现科学管理、规范管理、标准化管理必不可少的重要条件,也是领导层须臾不可或缺的管理工具。面对日益细致、全面的规章制度,领导者要注意处理好自身与规章制度的关系,既要始终掌握确立规章制度的主动权,也要自觉遵守规章制度,学会把自己隐藏在规章制度之后,发挥规章制度应有的作用,避免以言代法、以位压法、以权弄法。

遁卦卦辞：亨。小利贞。

【释义】亨通。小有作为可获正果。

【管理之道】在组织管理中,规章制度的基本作用就是规范成员的行为,令行禁止,循规蹈矩,确保团队行动有章可循。只要按照规章制度的要求办事,就顺畅无阻;遇到与规章相违背而不可为的事情,知道有所畏惧,坚守心理底线,不搞歪门邪道,也会有好的结果。用制度管人,以流程管事,规章制度就是组织成员必须敬畏的"高压线",不可随意触碰。

遁卦大象辞：天下有山,遁。君子以远小人,不恶而严。

【释义】天下有山,这是遁卦之象。领导者应当懂得远离小人,但不是简单地厌恶和憎恨,而是以俨然之态使小人不敢轻易冒犯。

【管理之道】俗话说得好,门锁只锁君子不锁小人,这个意思很好地解释了组织内部各种规章制度存在的意义。对于能自觉遵守规章制度的人,各种规定只是一种参照标准而已;对于不能遵守规章制度的人,规则就是一种约束。强化制度管理,重点不是针对那些能自觉遵守制度的人,而是针对那些随时可能违反规定的人。所以对领导者而言,就是要在组织内部树立起规章制度神圣不可侵犯的权威性,用规章制度界定是非标准,让每一个人对规章制度保持敬畏之心,并从机制上确保对违纪违规行为保持严厉惩治的高压态势。

遯卦初六爻:遯尾,厉,无用有攸往。

【释义】需要规避时落在后面是危险的,不可采取进取行为。

【管理之道】规章制度不仅有"令行"的内容,而且有"禁止"的规定。面对制度明确禁绝的行为,意识到不可以为,就应当立即止步;意识到要迅速远离,就应当毫不犹豫,如果迟迟不肯离去,甚至留恋其诱惑,其危险性就会增加。所以领导层要有意识地加强警示教育,使大家对禁绝类规章制度有敬畏之心,在行动上与之保持一定的安全距离,确保规则有效,避免组织进入危机状态。对组织成员而言,响应倡导要积极,回应规避更要积极。

遯卦六二爻:执之用黄牛之革,莫之胜说。

【释义】用牛皮绳将其牢固地捆绑在一起,不使其脱落。

【管理之道】规章制度的所有规定中,不论是积极倡导还是极力禁绝的,都应该是组织价值观的体现,是最高领导层意志和愿望的体现。

制度条文要能很好地体现企业精神、企业愿景、企业使命,就必须把制度体系置于企业文化体系之中,用企业文化为规章制度注入灵魂。

遯卦九三爻:系遯,有疾厉,畜臣妾吉。

【释义】逃遁受到牵连而未能脱身,好比重病在身,蓄养臣妾善待之,对自己有好处。

【管理之道】制度重在贯彻执行。对于在执行规章制度中有意或无意触犯规定的人,要本着惩前毖后、治病救人的原则给予相应处罚,不允许为错误行为寻找理由和借口,更不允许嫁祸于他人。严格执行各项规章制度,是敬畏规则、规避禁令的基本表现,做到了是本分,做不到就有问题,就要医治。如此,才可确保规则制度既有助于纠正错误,又能激励优秀者。

遁卦九四爻:好遁,君子吉,小人否。

【释义】喜好隐遁,君子能做到,所以吉利,小人则不一定能做到。

【管理之道】崇尚规则意识,明确遵章标准,严格规避行为,这是职业工作者应有的基本素质,也是制度化管理中必须重点解决的思想认识问题,同时也是检验管理层能否起带头作用的基本标准。

但凡规章制度中要求大家做到的,管理者和领导首先要做到,成为表率。古语说得好:"其身正,不令而行;其身不正,虽令不从。"如果各级管理者能够严格按照规章制度约束自己的行为,群众中违法乱纪的行为就会大大减少。

遁卦九五爻:嘉遁,贞吉。

【释义】最好的隐遁,还是要走正道。

【管理之道】用规章制度实现制度化管理,追求圆满的结果,领导层不仅仅是领导和管控,还需要不断改善领导班子的素质,确保始终用正确方向引领团队,用正确的理论武装团队,用正确的方法指导团队,用正确的目标校正团队,用正确的标准衡量团队,崇尚规则制度,不唱高调,不走邪道。

遁卦上九爻:肥遁,无不利。

【释义】悠然地隐退,没有什么不好的。

【管理之道】在规章制度中,尽管有很多限制性条文和禁绝性规定,但这一切只是为了确保程序的有效运作,并不是为了束缚大家的手脚,是为了在组织体系中更好地发挥每个人的能动性,在看似不自由的限制中让每个人专注于自己该做的事情。

【遁卦智慧检验领导如何驾驭规章制度实施管理】

大家面对规章制度是怎样的响应状态:积极还是消极,主动还是被动?

大家的意志是否与规章制度的精神保持一致?

对待违规之举,怎样正确处理?

各级管理者是否成为遵章守纪的模范？

制度化管理的思想是否能始终走正道？

制度化管理的动机是什么？规章制度能否有利于提高工作积极性？

【仿遯卦】

初六：敬畏规则制度，保持必要的安全距离。

六二：通过企业文化宣贯提升制度体系的价值。

九三：执行规章制度也要实行奖优罚劣，不允许为触犯规章的行为找借口。

九四：让各级管理者成为遵章守纪的表率。

九五：解决好领导班子的守正问题，确保不走邪路。

上九：用制度化管理为大家创造轻松自由的环境。

第八章

否卦：领导者高管团队管理之道

一个组织里领导者与高管团队之间的关系，可以很形象、恰当地用君臣关系来表示，从八卦易象来看，领导者在乾，高管团队在坤，乾上坤下就是天地否卦。

阴阳和，万物生，中医理论也有"通则不痛"之说，都说明上下交流、左右沟通、内外结合的重要性。而天在上地在下的否卦，所反映的却是上下不通、阴阳不和的梗阻之象。

一个组织当中，领导层与高管团队之间互不交流沟通，就会死气沉沉，呈现死象，这是管理大忌，所以要及时有效地消除上下交流不通不畅的梗阻。否卦所阐释的思维智慧正在于此：有效破除上下不通的梗阻。

否卦卦辞：否之匪人，不利君子贞，大往小来。

【释义】缺乏交流沟通的闭塞环境，不利于君子有所作为。

【管理之道】当一个组织内部上下之间交流不畅、不通的时候，往往是领导高高在上被架空，无法及时了解下层的真实情况，也无法很好作为。当然，这可能是因为领导犯了官僚主义的错误，也可能是因为下级"集体作弊"、欺上瞒下的结果。不管是什么原因，其结果都是领导的敏锐观察没有了，下级的责任心没有了，团队内部的君子之风没有了，取而代之的是欺骗、虚伪，歪风邪气盛行。

否卦大象辞：天地不交，否。君子以俭德辟难，不可荣以禄。

【释义】天地不相交合，这是否卦之象。君子人物懂得收敛自己，把品德才华掩藏起来，不在这种状态下追求荣华富贵。

【管理之道】组织内部积极健康的风气被歪风邪气压抑、掩盖的时候，也就是小人当道的时候。

正不压邪、正不胜邪的环境,有正义感的君子人物一般会采取以柔克刚的做法,收敛自己的言行,把才华掩藏起来,不求积极表现,也不求创造辉煌的业绩,这就是所谓的"明哲保身"。对此,领导层应予以宽容的理解而不是严加指责,因为问题的根源不在他们身上,领导层应从自身、从组织内部的沟通交流机制着手寻找原因、挖根子,有针对性地进行改革,解决问题。

否卦初六爻:拔茅茹,以其汇,贞吉亨。

【释义】拔茅草连带着把根也拔出来,只有固守正道才会吉利。

【管理之道】一旦发现上下交流沟通不畅的现象,就要高度重视,透过现象,分析其发生的原因,找到其根源,予以翦除。通过这样有力、有效的手段,使组织内部上下沟通回归正道。

否卦六二爻:包承,小人吉,大人否亨。

【释义】包容承受,让小人得吉,君子不作为才亨通。

【管理之道】当高管团队因为交流不畅而与领导层形成梗阻的时候,领导层应当包容并承受这一境况,并采取补救措施,比如,当无法从高管那里获得基本信息的时候,可以深入到群众中去,在基层一线直接获得真实情报,以此弥补高管团队的信息不足。

否卦六三爻:包羞。

【释义】承受羞辱。

【管理之道】组织内部出现上下交流不畅的梗阻,而且长时间处于这一状态,是领导层大跌颜面、令人羞耻的事情。

怎么办?要有信心改变这一局面、结束这一状态,重新回到交流无碍、沟通顺畅的令人欣喜的状态。

否卦九四爻:有命无咎,畴离祉。

【释义】按规律行动不会有错,同类依附就会带来利益。

【管理之道】怎么有效改变上下交流不畅的梗阻?当然是按规律办事。领导层要勇于检讨自身的问题,根据事态发展趋势,善于利用有利条件,激发正能量,团结积极健康向上的力量,共同开创全新局面。

否卦九五爻:休否,大人吉。其亡其亡,系于苞桑。
【释义】上下不交的闭塞局面结束了,对领导有利。为防止梗阻问题再度发作,就要彻底铲除其存在的根源。
【管理之道】闭塞的局面就要结束了,不管是谁发挥了怎样的作用,都将有利于在领导的带领下积极作为,这是令人喜悦的局面和状态,此时需要认真总结教训,深刻剖析上下交流不畅导致梗阻的深刻根源,给组织来一次彻底的"体检",祛除"病毒",增强相互交流的活力。

否卦上九爻:倾否,先否后喜。
【释义】倾覆了闭塞状态,否极泰来。
【管理之道】交流梗阻被消除,出现开放、交流、融通的局面,这就是否极泰来。对领导层来说,还要进一步开展工作,确保建立健全制度机制,有效防范交流梗阻再度出现。

【否卦智慧检验领导克服交流不畅的管理之道】
要确保高管团队的人是最可依赖和可堪大用之人;
高管团队成员应该有忍辱负重之美德;
高管团队成员可以为了组织利益而不计个人得失;
领导层要善于团结高管团队,志同道合,创事业、谋福祉;
领导层要善于治病除根,铲除梗阻,不使其勾结成势;
领导层要致力开启新局面,用机制确保否极泰来。

【仿否卦】
初六:上下级交流不畅、信息不通的时候,领导层要透过现象找到其根源,予以剪除。
六二:交流不畅的时候,领导层要善于另辟蹊径,通过深入基层,让群众充分表达,以此弥补高级管理层梗阻带来的信息不足。
六三:承受交流沟通不畅带来的梗阻之苦,提振信心改变和结束这一现状。

九四：找规律，建机制，团结积极力量，开创新局面。
九五：领导层带领大家深度挖掘造成梗阻的根源，有针对性地开展工作。
上九：否极泰来，把教训转化成精神财富，享受发展的喜悦。

第二篇
资金系列问题

在八卦易象里,兑代表财,也代表实体经济企业的资金。所以,资金系列问题,在六十四卦易理管理应用体系里是指以兑卦为上卦,并按先天卦序排列下卦所形成的八个成卦,依次是夬卦、兑卦、革卦、随卦、大过卦、困卦、咸卦和萃卦,对应揭示资金管理与领导者决策,企业资金管理的基本原则,资金运用与生产技术革新,资金运用与营销和企业文化建设,资金与外部资源管理,资金管理与全员参与之道,资金管理中的制度建设,资金管理与高管团队。

第一章

夬卦：资金管理与领导者决策

资金管理很重要的内容之一是资金如何有效使用，也就是资金运营。资金管理与领导者决策就是站在资金运营的角度看领导者决策，这在易象中就是兑上乾下的泽天夬卦。上卦兑代表企业资金，下卦乾代表企业领导，这是资金运营与领导者决策的卦象。

夬卦之"夬"，是决断的意思，夬卦"水在天上"，是企业资金雄厚之象。那么，如何让企业资金健康有效运行，成为领导者决策时必须要明确回答的问题。

夬卦卦辞：扬于王庭，孚号有厉，告自邑，不利即戎，利有攸往。

【释义】朝堂之上，用信誉团结众人，谨防小人作乱，不一定立即严打，但要有所行动。

【管理之道】财务公开，是民主管理的应有之义。通过信息公开，向大家说明情况，这样可以有效防范信息不透明带来的误解、猜疑，有利于树立公信度。赚钱光明正大，面对企业盈利，领导者要弘扬正气，祛除邪念。

夬卦大象辞：泽上于天，夬。君子以施禄及下，居德则忌。

【释义】泽在上，天在下，是夬卦之象。领导者应当施惠于下、施恩于众，忌讳在企业有盈利时独占其利、据而不施。

【管理之道】企业盈利丰厚，这是大家共同努力的结果。企业在实现盈利之后，应当建立两方面的机制：一是利益共享机制，让员工实实在在分享企业发展的成果；二是强有力的监督机制，防止一些领导者个人贪念作祟、中饱私囊，把企业盈利变成个人肆意挥霍的小金库。

夬卦初九爻：壮于前趾,往不胜,为咎。

【释义】仅有一点点壮大,不足以支持大的行动,强行而为,结果不好。

【管理之道】当企业开始有盈利的时候,要审慎决断,量力而行,适度作为,确保任何一项涉及资金使用的决策都是理性、明智的。

盈利来之不易,投资需要谨慎。花钱如流水,不能"打水漂"。

夬卦九二爻：惕号,莫夜有戎,勿恤。

【释义】不断提醒,保持警惕,即使发生危机也能有所应对。

【管理之道】资金管理要警钟长鸣,永远把必要的防范措施设置到位,确保后顾无忧。在资金管理中,前期的有效防范远远胜于事后的弥补措施。虽然说"亡羊补牢,未为晚也",但如果不发生"亡羊"之事,又何来"补牢"之费？毕竟亡羊补牢是因为管控不到位而发生的"一个事故导致两个损失"。

夬卦九三爻：壮于頄,有凶。君子夬夬,独行遇雨,若濡有愠,无咎。

【释义】完全把意志呈现在脸上,是危险的。有决断的意志而独自行动,如同冒雨前行打湿了衣服,但不会有大错。

【管理之道】资金管理中只讲情面而不顾原则的做法是很危险的,而坚持原则却不被人们理解甚至产生严重误解的情况也时有发生。所以,资金管理,一定要"把丑话说在前面",确立原则第一的绝对权威,只有在原则许可的范围内才可以考虑照顾人情。

夬卦九四爻：臀无肤,其行次且。牵羊悔亡,闻言不信。

【释义】犹豫不决,徘徊不前。只有顺势而为才不致懊悔,但这样的忠告领导者未必能听得进去。

【管理之道】加强资金管理,要防止投资冲动,对来自不同方面的意见要综合分析,不能置若罔闻。

投资有风险,所以要有相应的风险评估机制、决策约束机制,有效防范风险,严防把"风投"变成"疯投"。

夬卦九五爻：苋陆夬夬,中行无咎。

【释义】不与阴小势力有瓜葛,坚守中正行为,与阴小势力一刀两断,自然不会有灾咎。

【管理之道】企业领导层应该有守正的定力,始终以企业价值观为原则,坚定不移、毫不动摇,与一切小人势力划清界限,不与黑道有瓜葛,不参与任何形式的洗钱活动。这是确保企业健康发展的重要条件。

夬卦上六爻:无号,终有凶。

【释义】小人势力穷途末路,最终不会有好下场。

【管理之道】任何偏离正道的行为,以及哪怕一丝偏离守正的邪念,都可能给企业带来巨大的灾难甚至是毁灭性后果。所以,资金管理必须始终强调规矩意识,强调守正,强调理性。只有坚持正确的价值观,才会有正当盈利;只有做正经生意,赚干净利润,才会安然无恙。

【夬卦智慧检验资金管理与领导决策之道】
怎样防范资金管理中的"跑冒滴漏"?
如何实施资金管理量化分类的管理机制?
针对资金管理制定了哪些各级各类防范措施?
怎样抵制资金使用中的"人情账"?
有哪些具体措施来防范投资冲动?
怎样确保资金干干净净而不被污染、不被利用?
如何实现利润在阳光下成长?

【仿夬卦】
初九:量力而行,保持投融资规模适度。
九二:加强投融资风险管控力度,确保后顾无忧。
九三:投融资活动,一定把人情面子置于原则规范之内。
九四:建立全面信息反馈机制,谨防投融资冲动导致局面失控。
九五:领导无私心邪念,坚决不与黑道有瓜葛,不参与任何形式的洗钱。
上六:确保企业投融资活动在政策法规许可范围内进行。

第二章

兑卦：企业资金管理的基本原则

兑卦之象是泽，流水聚集而成泽。兑卦是两泽相连，是水流交汇之象，比喻交流融通、和谐相处，是令人欣喜的场面。

生命在于运动。资金流是企业生命力所在，让资金有效流动是资金管理的基本要求。在资金管理中，既要有涓涓细流聚而成泽的资金流通渠道，又要有防范细微之处"跑冒滴漏"的资金管理约束机制。

兑卦卦辞：亨，利贞。
【释义】追求亨通，就要坚守正道。
【管理之道】资金管理，必须坚持"亨通为要，正道为本"。
首先，要让企业资金流动，保持活力；其次，要确保资金使用不出偏差，坚持对投资方向、投资领域、投资项目进行有效管控监督；再次，要加强对资金使用的源头管控、过程管理、结果考核。

兑卦大象辞：丽泽，兑。君子以朋友讲习。
【释义】两泽相连，是兑卦之象。领导者由此感悟到应当在朋友之间相互交流，共同进步。
【管理之道】资金管理不只是财务部门的事情，也不仅仅是领导的事情，而是涉及所有部门的事情。既然如此，就要充分调动各方面的积极性，相互交流惜财、用财、理财的经验，分享节约开支、降低成本的做法，促进事业更好地发展，实现经济效益大幅提升。

兑卦初九爻：和兑，吉。
【释义】保持平和心态、和悦状态、融和姿态，自然吉祥。

【管理之道】保持资金的流动融通,就是"和兑"之象,这是很吉祥的结果。用现代企业术语来说,就是保持资金流动畅通、充满活力,自然能为企业带来可观的效益。保持资金、资本的运动活力,是资金管理最基本的前提。

兑卦九二爻:孚兑,吉,悔亡。

【释义】以诚信为本,与人和悦,这样做是正确的、吉祥的,有助于远离动机不纯正带来的懊悔。

【管理之道】资金运用包括投资、借贷等在内,要讲信用,以诚信为基础,追求双赢甚至是多赢,这样才会有好的结果。

一定要有相应的手段和机制对投资项目、借贷业务进行信用等级和风险程度评估,确保不上当受骗,确保资金运用的安全,远离以高回报为诱饵的投资陷阱,避免资金血本无归。任何不讲诚信、坑蒙拐骗的行为,最终必然让自己后悔莫及。

兑卦六三爻:来兑,凶。

【释义】通过讨好使人喜悦,这是凶险的。

【管理之道】在资金使用中用不正当的做法带来的利益其实包藏着巨大的危害和凶险。

资金管理一定要严把关,坚持原则,走正道,规范化,反对弄虚作假,杜绝做假账。为了一时之利而欺上瞒下,只会带来更大的损失。

君子爱财,取之有道。不当得利,非惑即祸。

兑卦九四爻:商兑未宁,介疾有喜。

【释义】徘徊在选择之间,不能确定与谁和悦,内心纠结而无法安宁,最终抵御诱惑如疥疮痊愈,因而可喜可贺。

【管理之道】有时面对投资项目,难免在可行与不可行之间徘徊,难以做出取舍选择,不能确定资金的使用方向和投资规模,对领导层而言,内心备受煎熬而不得安宁,怎么办?唯有树立正确的价值观并衡量之。

投资回报不能只算财务账、经济账,还要算价值账,首先考虑值不值而不是赚不赚和赚多少。有了这样的原则底线,就能有效抵御诱惑,其最终结果一定是值得庆幸的皆大欢喜。

兑卦九五爻：孚于剥，有厉。

【释义】在君位而被小人诱惑，信用被别有用心的人透支，会发生严重的危险，造成严重的后果。

【管理之道】作为主管资金的高级领导，如果不能有效抵御诱惑，坚持原则和程序，必然导致发生严重违反资金管理规章制度的事情，其后果不堪设想。

所以，企业高级领导一定要提高警惕，自信不可过，自省不可无，自查当及时，自控应有效，确保资金不被别有用心的人利用，杜绝资金使用发生重大损失，避免给组织带来严重后果。

兑卦上六爻：引兑。

【释义】宵小之人不择手段引诱蛊惑以取悦他人。

【管理之道】总有一些人为了一己私利会不择手段来取悦领导，不达目的誓不罢休。这些人的做法能否得逞，一是取决于领导者是否有能力识破别有用心之人的险恶用心，二是取决于领导者是否有定力不受糖衣炮弹的诱惑。

【兑卦智慧检验企业资金管理的基本原则】
企业文化所确立的价值观是什么？
在资金使用过程中有无欺骗行为？
做假账吗？
经济账与价值账是一回事吗？何者为要？
是否建立了有效机制以防范"小人窃财"？
如何确保自身干净和资金安全二者兼顾？

【仿兑卦】
初九：资金的生命力在于流动性。让资金欢快地流动起来才有利可图。
九二：资金管理诚信为本，追求多赢。
六三：做假账、搞欺瞒，后患无穷。
九四：抵御诱惑，资金管理既算经济账，又算价值账，更算政治账。
九五：领导者要明辨是非，完善机制，杜绝上当受骗。
上六：谨防小人花言巧语、糖衣炮弹、作祟钻空子。

第三章

革卦：资金运用与生产技术革新

生产活动和技术研发是实体经济企业最基本也是最重要的活动，而资金支持是保证生产活动、生产服务活动和技术研发活动得以正常进行的重要条件。借助资金的大力支持，实现生产品质的大幅提升和技术创新的革命性变化，是处理二者关系的基本原则和目标追求。

在八卦易象中，资金在兑卦，生产技术在离卦，兑上离下构成泽火革卦。革卦之"革"，寓意即将发生巨大改变甚至是革命性变化。六十四卦易理应用管理体系里，革卦阐释资金支持生产和技术带来相得益彰结果的基本道理。

革卦卦辞：已日乃孚，元亨利贞，悔亡。

【释义】变革之事，在经过一段时间后得到人们的认可或信服，说明这样的变革方向正确、方法正确，这样的变革才会有良好的开端、顺畅的发展、积极的整合、圆满的结果，才不会发生令人懊悔的事情。

【管理之道】投资于生产和技术研发，属于风险决策，这不仅是因为投资与回报之间存在着可以预判但无法准确界定的"时间差"，还因为生产过程和技术研发中存在着太多无法预知的不确定影响因素，这一切都可能导致资金的付出不能收到立竿见影的效果，甚至很可能"打了水漂"，成为巨大的沉淀成本。

所以，对领导决策层而言，一定要明确认识到，对支持技术研发和生产创新的资金投入，不能急功近利，甚至不能设定具体的回报率，应该对可能发生的失误有一定程度的包容度，不能因为失误就不分青红皂白以"撤资"了之。因噎废食、中途撤资的做法很可能错失发展和创新的机会，栽倒在黎明前最后一幕的黑暗里，最终让自己追悔莫及。

革卦大象辞：泽中有火，革。君子以治历明时。

【释义】兑卦在上，离卦在下，如同泽中有火，这是变革之象。君子由此领悟到应把握变化的时机和规律，通过制定相应的历法告知民众，使大家按照四时节令做好各自的事情，以取得满意的结果。

【管理之道】要实现技术的进步和生产的发展，资金支持是一个很重要的因素。领导应根据企业生产技术实际和资金状况，制定相应的资金投入计划和技术研发规划，并且让相关人员清楚了解，明白自己在什么时候、什么条件下该做什么样的工作。用全局观念、系统观念、协调观念来指导统筹资金管理、生产管理、技术管理、创新管理，把资金、技术、生产纳入一个有机整体中，才能发挥资金对技术和生产的促进作用，实现技术和生产的创新和变革。

革卦初九爻：巩用黄牛之革。

【释义】审慎对待变革，以巩固自身为目的推进改革。

【管理之道】技术和生产都不是企业存在的目的，也不是企业追求的终极目标，二者只是支撑企业发展的手段或基础。

所以，稳步推进技术改革和技术创新，不断提升生产品质和产品价值，都应以有利于巩固企业地位、强化企业优势、提升企业核心竞争力为目的，在服务社会、满足客户这一终极目的的基础上实现效益提升、盈利增加。

革卦六二爻：已日乃革之，征吉，无咎。

【释义】在一定的时间开始进行改革，这样的行动是正确的，没有什么可担忧的。

【管理之道】当现有的技术和生产严重制约企业发展的时候，也就是生产变革和技术革新要开始之时，这就是所谓的把握时机。

对生产和技术进行必要的革新，不能贸然行事。既要有积极性，又要有理性判断，需要看清、看透现状，寻找可行的突破口，采取现实有效的变革措施。这样的举措才是值得肯定和赞赏的，才不会有问题。

在具体实施中，要明确哪些要改、哪些不改，要规划改到什么程度，要设定时间周期和资金支持规模，切忌不分轻重缓急一哄而上地"全面改革"。

革卦九三爻：征凶，贞厉，革言三就，有孚。

【释义】行动遇到障碍,发生问题,风险增加。对变革要尽可能地反复讨论,达成共识,最终取得大家信任。

【管理之道】破旧立新本身没有错,但过于激烈的做法容易导致"欲速则不达"。要对改革中可能遇到的障碍、风险有足够的思想认识和防范举措,要善于通过宣传、讨论,整合改革的力量,集思广益,并让大家感受到变革带来的利益,以赢得大家对变革的信任和支持。

只有让广大群众积极而广泛地参与到生产和技术变革中来,才能形成推动变革的强大力量。

革卦九四爻:悔亡,有孚改命,吉。

【释义】改革取得良好的结果,得到大家信任,这十分有利于将改革引向深入。

【管理之道】技术创新从孕育到变成现实成果的过程,有两个问题需要认真对待:一是对时间周期做出尽可能准确的预判,尽管有一定难度;二是对投资规模的精确控制,确保"好钢用在刀刃上"。

必须将风险控制在最低程度,只有这样,资金投入才能真正起到推进技术革新不断突破的作用,才能防范令人懊悔的事情发生;一旦生产技术取得令人振奋的结果,势必有利于推进新一轮革新,从而形成资金支持生产和技术的良性循环。

革卦九五爻:大人虎变,未占有孚。

【释义】君王大人有如虎之威,也与时俱进进行变革。这样的行动能得到民众的信任和支持,难道还需要占卜?难道还要猜忌?

【管理之道】不管资金支持生产和技术的力度有多大,都离不开领导的有效管理。构建强有力的领导班子,建立健全相应的规章制度,全面协调人、财、物,为技术进步创造良好条件,提供强力支持,这毋庸置疑是资金管理的重中之重。

革卦上六爻:君子豹变,小人革面,征凶,居贞,吉。

【释义】君子人物也在发生深刻变化,小人物只是表面上变化。面对可能的困难,坚守正道才会吉利无咎。

【管理之道】技术革新追求质的飞跃，谋求高大上的结果，但不应排斥生产实践中的小改小革，因为积小胜为大胜乃是一个普遍的规律。把资金支持与技术进步的良性互动建立在这样的基础上，在有序改革中实现进步和双赢共享。

【革卦智慧检验资金支持技术创新和生产提升之道】
资金支持技术创新的目的要正确：巩固自身；
资金支持技术创新的前期调研很重要：找突破口；
面对失误和挫折要总结教训，听取意见，统一行动；
支持技术创新要持之以恒，确保资金到位；
支持技术创新要有组织保障，领导亲自挂帅；
实现突破创新与小改小革相结合，良性互动。

【仿革卦】
初九：以巩固自身地位和强化优势作为资金支持的根本目的。
六二：做好生产和技术立项的前期调研，把握方向和时机。
九三：善于在失误和挫折中探索成功的道路。
九四：确保资金支持的连续性，促进实现突破和创新。
九五：加强组织建设，领导亲自挂帅。
上六：战略引领，把局部的小改小革与整体突破创新结合起来。

第四章

随卦：资金运用与营销和企业文化建设

企业营销和企业文化建设，是既花钱又赚钱的活动。启动营销活动，肯定需要一定的资金支持，有时候可能还需要相当力度的支持，大把大把花钱，但到最后，则可能给企业带来源源不断的收益，形成资金回流。所以，资金与营销活动之间，存在着相得益彰的关系。资金支持力度不够，营销活动就会受到极大影响，营销效果就大打折扣，已有的资金投入就可能打水漂；营销活动如果谋划不周，也可能导致资金投入血本无归。

八卦易象中，资金属兑卦，营销与企业文化建设属震卦，二者结合，兑上震下，就是六十四卦中的泽雷随卦。

随卦在六十四卦易理应用体系里，旨在揭示如何使资金支持营销和企业文化建设，使二者相得益彰，形成相辅相随的局面：资金支持得力到位，企业营销活动和企业文化建设有声有色，企业发展也会如虎添翼、势如破竹；良好的营销活动和企业文化建设给企业带来利益，资金状况随之不断向好，企业一派和悦景象。

随卦卦辞：元亨利贞，无咎。

【释义】从开始就坚守正道，发展顺畅亨通，不会有过错。

【管理之道】营销活动需要资金的大力支持，但是有一个不言自明的前提条件，那就是营销活动必须是合情合理、适时适度的，不能偏离正道，将资金投入到这样的活动之中，才不会有问题。所以，应该建立基本的评价机制，确立基本原则，确保资金支持的合理性、安全性、有效性。

随卦大象辞：泽中有雷，随。君子以向晦入宴息。

【释义】雷潜伏在泽水深处，这是随卦之象。君子由此意识到要依时而行,犹如日暮之际就要安歇,养精蓄锐。

【管理之道】日出而作、日落而息,是简单而深刻的生活道理,因为它符合人之生命运动的规律。营销活动也要能够依时而行、顺势而为,把握好发展节奏;资金对营销活动的支持也因此而张弛有度。

及时、适度、有针对性、有利益回报,既是营销活动要追求的效果,也是资金支持应遵循的基本原则。

随卦初九爻:官有渝,贞吉,出门交有功。

【释义】身份应有变化,坚守正道,吉祥;积极走出去发展人际关系,会有好的结果。

【管理之道】企业营销活动不是一成不变的,两方面的原因可导致营销活动需要做出调整:一是随着外部环境的变化而不断调整,包括策略、目标、方式、时机、地点、对象等;二是根据企业资金财力状况调整营销活动的内容、规模、范围等。只有这样,营销活动才具有针对性,才会有好的效果。

在调整变化中,可以有创新,可以不拘一格,可以采取机动灵活的战略战术,但一定要坚持正确的方向,因为走正道是根本前提,以此振奋斗志、激发创意,使企业走上协调、可持续、良性发展的轨道。对于这样的营销活动,应积极给予资金支持。因此,关注变化、顺应变化、把握方向、积极响应、相互配合,应该成为处理资金支持营销活动的基本原则和出发点。

随卦六二爻:系小子,失丈夫。

【释义】追随阴小势力,必然失去刚健对象。

【管理之道】营销活动的调整并不是一件容易的事情,如果对外部市场的变化认识不清或判断失误,很可能做出错误决策,导致营销活动背离正道。

所以,既要高度关注市场变化,又要善于透过现象看本质,更要善于看清发展趋势,认准营销目标,坚定不移,一心一意。这就需要资金支持也能够及时调整,满足营销活动的需求,不发生因小失大、"捡芝麻丢西瓜"的事情。

总之,营销活动与资金运用,都应该做到认准目标,坚定不移地采取行动。

随卦六三爻:系丈夫,失小子,随有求得,利居贞。

【释义】亲近刚健对象,远离阴小势力,这是正道行为的表现,坚定不移,必有所得。

【管理之道】一旦认清市场变化的趋势,就要第一时间做出策略响应,迅速开展营销活动,力争把握有利时机,取得良好的营销效果。当然,在任何时候,都必须坚持动机纯正和行为正确。对于营销活动的积极行为,资金部门要给予积极配合。

随卦九四爻:随有获,贞凶。有孚在道,以明,何咎。

【释义】追随领导但同时自己又被更多人追随,这真的很危险。如果坚守诚信,坚守正道,大家有目共睹,又怎会招来祸患呢?

【管理之道】营销活动有创造价值的追求,资金运用有增值的追求,如果资金能给予营销活动有力度的支持,其结果必然是两相喜悦、皆大欢喜,但是要注意,不论是营销活动还是资金运用,在其各自有所追求的同时也常常受到他人的追随,比如有关方面有意参与到营销活动中来,也有人会提供资金支持,等等,这些看似有利的因素也许正是最大的风险所在。因此,对于营销活动和资金,都需要做到秉诚信、走正道、公正光明,只有这样,才能有效抵御别有用心的诱惑,才不会带来祸患。

随卦九五爻:孚于嘉,吉。

【释义】诚信获得众人追随,非常好。

【管理之道】资金部门与营销部门之间虽然说不上是君臣关系,不存在隶属依附关系,彼此信任却非常重要,只有双方同心协力,资金部门对营销活动提供强有力的后台支持,营销部门才好搭台唱大戏,赢得满堂彩。

随卦上六爻:拘系之,乃从维之,王用亨于西山。

【释义】紧密联系,并尽力维护,像祭祀山神河神一样真诚。

【管理之道】站在企业经营的角度,营销活动与资金之间并不存在君臣关系,作为不同的职能部门,二者之间需要良好的沟通、积极的配合,坚决维护好资金与营销精诚团结的局面。

【随卦智慧检验资金如何支持营销及企业文化建设活动】
资金与营销应互相配合,这一要求如何落实?

根据变化及时调整营销与资金的投入；
慎重而积极地行动，不错过取得效益的机会；
明辨是非，分析利弊，确保健康发展；
在相互信赖的基础上加大支持力度；
共同维护资金与营销活动精诚团结的大好局面。

【仿随卦】
初九：调整营销活动，始终走正道，确保企业良性发展。
六二：洞悉市场变化，看透本质、看清趋势，不因小失大。
六三：建立赋能小组，发挥各团队在营销及企业文化建设中的作用。
九四：秉诚信、走正道，是资金支持营销及文化建设活动的基本前提条件。
九五：诚心实意为营销部门提供财力支持，共图发展。
上六：维护好资金与营销良性互动、精诚团结的大好局面。

第五章

大过卦：资金与外部资源管理

企业外部资源中，客户、公众、政府、专家学者、顾问智库等，构成实体经济企业经营中的"贵人资本"，人们习惯于称之为"外脑"，因为它是企业可以利用的外部智力资源。资金作为企业的财力资本，与外部资源的"贵人资本"密切结合，无疑会为企业发展带来巨大利益。

在八卦易象里，企业财力资本在兑卦，外部资源"贵人资本"在巽卦，二者结合，兑上巽下，就是六十四卦中的泽风大过卦。

大过卦之"大过"，不是说有大的过错，而是指超过常量的状态。企业有充裕的资金和雄厚的"外脑"资源，既是一种让人欣喜的事情，也是很多企业追求的目标，因为财力、智力总是越多越好，钱多好干事，朋友多了路好走。同时，有充足的财力做后盾，企业可以大手笔运作外部智力资源，使之为企业提供更大的支持和更为有效的智力服务。

大过卦卦辞：大过，栋桡。利有攸往，亨。

【释义】大过卦，有房梁弯曲、梁折屋塌之象，最好的选择就是迅速离开。只有远离危险，才能安然无恙。

【管理之道】在常态之下，人们选择各行其是、各得其所，彼此两不相碍，更两不相害，而是相得益彰。当意识到可能会遭遇危机的时候，需要提前做出反应，寻找防危避险的有效途径。

选择远离危险不失为正确的做法，但若能相互提醒、相互提携、联手合作，则是更加积极的做法。作为企业的外脑智库，一个很重要的职责就是及时给企业领导层发出风险的预警信号。

大过卦大象辞：泽灭木，大过。君子以独立不惧，遁世无闷。

【释义】洪水泛滥淹没树木,这是大过卦之象。君子由此领悟到可以独立行动而不畏惧,可以隐居遁世而无烦闷。

【管理之道】因为有高人相帮、贵人相助,所以并不惧怕危机来临,尽可以淡定,并且低调,不求引人瞩目,更不四处张扬。可以不是发现危险的"吹哨人",但在听到危险预警的"哨声"之后认真对待、迅速行动,采取保护自我、远离危险的做法,无疑是最正确的选择。

大过卦初六爻:藉用白茅,无咎。

【释义】用白色干净的茅草铺垫在祭器的下面,这样谨慎的做法体现的是尊敬,不会有过错。

【管理之道】资金和智力是企业发展很重要的资本,对那些曾经给组织发展出谋划策的高人、贵人,有两个待遇不能少:其一是支付报酬,这是对他们贡献的基本肯定;其二是给予他们充分的尊重,这是对他们人格和地位的基本认定。

尊重知识、尊重人才,不能只是一句口号,要体现在对其价值和贡献的认可上,体现在对其智力劳动和人格的尊重上。

对贵人恭敬有加,以诚信赢得人缘。

大过卦九二爻:枯杨生稊,老夫得其女妻,无不利。

【释义】枯萎的杨树长出了新芽,如老夫得到少女为妻,没什么不好。

【管理之道】贵人之贵,在于逢凶化吉;高人之高,在于点石成金。

企业在发展过程中会遇到各种各样的困难,只要发挥好智力资本的积极作用,就有助于找到克服困难的有效途径。通过高人指点、贵人帮助实现事业的发展,犹如古木逢春、枯枝发芽,这是可喜的景象。

大过卦九三爻:栋桡,凶。

【释义】房梁脊木弯曲,很危险。

【管理之道】如果把企业所致力追求的事业看作一座大厦,那么,智力资本无疑是这座大厦重要的支撑之一。因此,不管发展多么顺利,不管资金多么雄厚,都不可在智力资本方面有任何的过失,不可以吝惜在智力资本方面的投资。因为对智力资本的不尊敬、不重视,其实就是在动摇自己的栋梁,这是有害的危险之举。

尽管谦恭不一定能赢得贵人,但张狂造次则一定失去贵人。

大过卦九四爻:栋隆,吉;有它,吝。

【释义】栋梁挺立,安全吉利,若受其他牵连就会有损伤。

【管理之道】多做培基固本的事,做好稳固栋梁的事,就等于将企业发展置于安全有利的环境中。但这还远远不够,在资金雄厚有保证、人力资本充足可堪大用的基础上,还要注意防范其他方面的因素出问题。因为毕竟不是有钱、有人就可以干成大事的。

只有把资金转化成有用的生产经营要素,用人力资本驾驭这些要素,通过有效运作,实现既定的目标,才是圆满的发展。

大过卦九五爻:枯杨生华,老妇得其士夫,无咎无誉。

【释义】枯萎的杨树开出了小花,犹如老妇得壮男做丈夫,无所谓好也无所谓坏。

【管理之道】企业发展,一定是求真务实而不是华而不实,有些目标看起来很诱人,但不一定能带来预想的结果。

企业经营就其本质而言就是打经济仗,因此首先要算经济账。越是激动人心的项目越要冷静理性分析。天花乱坠的描述,可能只是花里胡哨的包装。对于那些一时还看不清、看不透的项目,不妨先搁置一边,不急于给出好与不好的结论。重要的是领导有定力,不轻信夸夸其谈的高论和忽悠人的投资计划。

大过卦上六爻:过涉灭顶,凶,无咎。

【释义】渡河的时候水如果淹没了头顶,这是十分凶险的事情,意识到这一点并有所防范,才不会有灾咎降临。

【管理之道】企业拥有雄厚的财力资本和充裕的人力资本特别是贵人资本,是否就可以任性而为?如果以这样的想法支配行动,肯定会给企业的长盛不衰带来灭顶之灾,后果不堪设想。

因此,面对发展的一帆风顺,面对基础的坚如磐石,面对人力财力的雄厚无虞,更需要居安思危,保持清醒,准确定位,正确行动。

【大过卦智慧检验如何正确处理财力与外部智力的关系】
是否敬而慎之对待财力资本与外部智力资源？
是否有效发挥了财力资本和外部智力资本的作用？
是否体现了对外部智力资源尤其是贵人、高人的应有尊重？
是否对影响财力资本和外部智力资本的安全因素进行了全面分析？
是否在财力资本和外部智力资本的使用上有行之有效的管控机制？
是否有切实有效的措施确保不出现任性投资和外部智力资源的浪费？

【仿大过卦】
初六：使财应怀畏惧之心，用人宜有尊敬之情。
九二：贵人出智，逢凶化吉；财力助威，点石成金。
九三：不善理财，效益受损；不敬人才，大厦将倾。
九四：惜财更惜才，莫使受伤害。对财力和外部智力资源都设立"保险箱"。
九五：求真务实，杜绝财力的无效付出和外部智力资源的无谓消耗。
上六：建立财力资本和外部智力资本管理的长效机制。

第六章

困卦：资金管理与全员参与之道

在资金管理中，虽然有关资金使用的决策权在领导者，但由于涉及企业每个人的利益，所以，资金管理，人人有责。这种责任，更多地表现为有效调动群众惜财理财的积极性，唤醒大家关心效益的责任意识。

八卦易象里，资金在兑卦，群众在坎卦，二者结合，兑上坎下，就是六十四卦中的泽水困卦。企业再有钱，也经不起人人大手大脚地胡乱糟蹋，这犹如大泽漏水，很快就会枯竭干涸。困卦之意，不言而喻。

众人拾柴火焰高，人人节约效益好。困卦所蕴含的智慧间接触及资金管理中一个不可忽视的重要问题，即如何借助群众的力量度过财力不足的困难。

困卦卦辞：亨贞。大人吉，无咎。有言不信。

【释义】守正才会亨通。人人尽心，就不会有灾祸，不过这些观点常常不被重视。

【管理之道】一般而言，群众利益的满足与企业利润增长之间存在着此消彼长的关系，如何处理好群众利益与企业利益的关系，从来都不是一个简单问题。

投资正确，企业实现盈利，但是未必人人得利；投资失误，却会使大家利益受损。所以，确保投资决策科学是实现发展的基本要求。

在这个基础上，每个人负责任地做好自己的分内之事，就是防范过错的无声宣言。尽管很多成员身处底层，其工作不一定引人注目，但他们对来自第一线的风险有天然的敏感，他们对生产经营中的浪费最清楚，因此，领导层应该对他们的意见和建议有足够的重视。

困卦大象辞：泽无水，困。君子以致命遂志。

【释义】大泽漏水,河湖干涸,这是困卦之象。君子人物面对困境,仍能一心一意致力于自己的使命,即使付出再多也要实现自己的志向。

【管理之道】在企业发展遇到困难的时候,尤其是资金窘迫的时候,领导应该牢记自己的使命,与大家患难与共,必要时要勇于牺牲自己的待遇,先于群众过苦日子,最忌讳号召群众过苦日子而领导却奢靡不止。

只有与群众同舟共济,才能更好地带领群众走出困境,实现发展的理想和追求。

困卦初六爻:臀困于株木,入于幽谷,三岁不觌。

【释义】遇到困境,就好像坐在没有枝叶的树桩之上,很不舒服。被困在这样的环境里,长时间得不到解脱。

【管理之道】企业发展遇到资金短缺问题,并可能影响群众共同利益的时候,一个简单而有效的做法就是适当收缩,通过降低运营成本减轻资金压力。同时向群众通报实际情况,发动群众开展自保自救,做好应对长期困难的心理准备。

困卦九二爻:困于酒食,朱绂方来,利用亨祀,征凶,无咎。

【释义】没有足够的酒食,穿着祭祀用的大红衣服,也可以去参加祭祀,但如果出征,就会很凶险。

【管理之道】意识到自身处在困难之中,就应当进行理性分析,企业没有足够的财力人力,就不可能去挑战利益巨大的市场机遇,因为心有余而力不足,只有量力而行才不会有错。

人心不足蛇吞象,贸然采取超出自身实力的行动,可能会招致更严重的后果。还是要谨慎决策、量力而行,避免困中出错,增加成本负担。

困卦六三爻:困于石,据于蒺藜,入于其宫,不见其妻,凶。

【释义】困难如顽石,蒺藜缠脚下,心中有所求,脱困无应援。外有困,内有忧,真的很凶险。

【管理之道】困难不光来自外部,也有内部因素,合起来就是内忧外困。

如果在资金短缺的情况下,内部管理不到位,就会造成资金使用的"跑冒滴漏",导致困局雪上加霜。所以,在"开源"受阻的情况下,要强化"节流",减少不必要的开支,杜绝一切浪费行为。

困卦九四爻:来徐徐,困于金车,吝,有终。

【释义】脱困之力来得缓慢,是因为自身也受阻困。出手不大方,但最终有好的结果。

【管理之道】在困难环境中采取行动,不能操之过急。

筹措资金,既要考虑解决眼前问题,又要从长计议,不顾一切的做法很可能是饮鸩止渴,虽然看起来一时之间缓解了眼前困难,却给未来埋下了更大隐患。所以,要审慎行动,随时根据实际情况调整措施,积极发挥现有资金的作用,把有限的资金用在最需要的地方,量力而行,智胜为上。

困卦九五爻:劓刖,困于赤绂,乃徐有说,利用祭祀。

【释义】在困境中局促不安,虽然身居高位,也只能徐徐图之,用诚信寻求有力帮助,最终走出困局。

【管理之道】企业发展遇到资金短缺的问题,对领导层是一个重大的考验:精神不垮是对毅力的考验;方寸不乱是对心理素质的考验;目标不移是对理想信念的考验;寻求高人指点、贵人相助是对能力和品德的考验。除此以外,还要防范小人诱惑可能导致的资金危机。

总之,以诚信赢得支持才是走出困境的首选。

困卦上六爻:困于葛藟,于臲卼,曰动悔有悔,征吉。

【释义】总是被一些困难因素纠缠,在局促不安中懊悔不已,对造成失误的行动进行反思,在此基础上的行动是吉利的。

【管理之道】就好像被藤蔓困扰其中,局促不安,采取行动可能会造成失误,不采取行动可能错失良机。显然,最好的做法是全面考量,权衡利弊,科学决策,理性而为,学会用正确的方法摆脱困境,切忌不择手段。

【困卦智慧检验面对财力资本和外部智力资本困局的选择之道】

人人分担困难,个个寻求自救出路;

解困举措须谨慎,避免困中出错、雪上加霜;

多从自身内部找原因,减少不必要的损失;

量力而行,确保重点,以点带面,盘活全局;

领导层谨防诱惑,以诚信赢得支持;

全面考量,切忌不择手段。

【仿困卦】

初六:收缩经营,减少运营成本,通过自救探索脱困的有效途径。

九二:量力而行,避免忙中出错而增加成本负担。

六三:强化内部管理,杜绝资金使用中的"跑冒滴漏"。

九四:确保重点,好钢用在刀刃上。

九五:用诚信赢得来自各方面的支持。

上六:要有行动举措,但不能不择手段。

第七章
咸卦：资金管理中的制度建设

资金管理与规章制度，是企业运营中的两个刚性因素。缺乏资金，很多事情没法干，有了资金但缺乏有效的规章制度，很多能干的事情也不一定能干好。只有当规章制度为雄厚的资金保驾护航，才会有令人欣喜的结果，否则，就只能是两相伤害、彼此受损。

资金似泽，属兑卦；制度如山，在艮卦，兑上艮下就是泽山咸卦。在六十四卦易理管理体系中，咸卦揭示用规章制度强化对资金管理的有效约束，为资金安全设置制度的笼子。

制度规则是刚性约束，因此在规章制度面前，每一个成员都要确保做到"制度入心，行为再现"，尤其要强化资金使用方面的制度化管理，杜绝"有钱就任性"，做到花钱有规矩。这就要求组织成员对规则制度全面认知、高度认同、自觉接受、积极执行。

咸卦卦辞：亨，利贞，取女吉。

【释义】亨通之象，坚守正道，赢得对方信任与支持。

【管理之道】如果把企业看作一个生命体，那么资金就是维持生命力的血液，必须确保其充沛和流动顺畅。

如何才能确保资金的正常、有效流动，一定需要一系列的规章制度加以约束。在资金管理中，一个很重要的原则就是把资金用在正道上，即确保资金投放的合法、合规、合理。

咸卦大象辞：山上有泽，咸。君子以虚受人。

【释义】山上有泽，这是咸卦之象。君子能虚心接纳他人，广泛与人沟通。

【管理之道】资金的属性在于其能灵动地流动，而规章制度的属性又在于其原则的坚定,这就需要在资金使用与规章制度的约束之间进行有效协调,实现灵动与坚定的完美结合。

咸卦初六爻:咸其拇。

【释义】感应发生在大脚趾。

【管理之道】看似细小的举动,却有可能引发巨大的变化。

资金管理的漏洞,不只是大数额的贪腐和大项目的失误,也有很多其实就发生在金额不大的日常开支中,正是这些不起眼的小小漏洞,最终吞噬了大资本。所以,强化对资金的制度化管理,就应该从约束日常开支入手。

咸卦六二爻:咸其腓,凶,居吉。

【释义】感应发生在小腿,凶险。停止行动、安居静处才会好些。

【管理之道】如果对一些细小的漏洞不及时堵塞,就可能逐步扩大,后果会越来越严重,这是很危险的状态。

资金管理也是如此。正确的做法是采取有力措施,阻止这一错误行为的进一步发展。只有制止导致危险后果的行为,才不会有危险发生。

咸卦九三爻:咸其股,执其随,往吝。

【释义】感应在大腿,跟随着行动,结果不会很好。

【管理之道】在一个惯性环境里,有些做法本来是有问题的,但人们习以为常、见怪不怪,慢慢地,这些做法似乎就成了合乎规矩的,更有甚者,会有更多类似的行为跟进,导致不良后果越来越严重。

所以,对资金运作进行规范化制度管理,不仅仅是从细微之处堵漏和有效制止违规行为,还在于能使一些似是而非的违规行为不产生示范效应,不引发连锁反应,不带来更多严重后果。规章要使人清醒,既知其可为与不可为,更知其为什么可为与不可为,举一反三,防微杜渐。

咸卦九四爻:贞吉悔亡,憧憧往来,朋从尔思。

【释义】守正得吉祥,懊悔自消亡;匆匆往来交,友朋助尔强。

【管理之道】只要确保资金使用合法合规,不走邪路,就不会有令人懊悔的结局。

把资金管理置于制度规则之下,排除各种诱惑和干扰可能带来的负面影响。尽管资金进进出出、来去匆匆,但只要管控得当、举措有效,同样可以安然无恙,并以诚信赢得更多支持。

咸卦九五爻:咸其脢,无悔。
【释义】感应在后背,没有什么后悔的。
【管理之道】对于企业的资金管理,领导层的担当和敢于负责无疑是非常关键的。首先是定力,而定力来自目标清晰、路径清晰、举措清晰。只有走正道、守规则,资金运作才会安全和有益。困难之中挺得住,诱惑面前不动摇,这是任何一个好的领导都必须具备的基本素质。

咸卦上六爻:咸其辅、颊、舌。
【释义】感应在面部、脸颊、舌头。
【管理之道】善于观察,善于分析,善于听取众人意见,善于不断总结成功经验,力求资金管理尽善尽美,不断提升资金管理水平。

【咸卦智慧检验资金管理之规范化运行】
是否做到了从细微之处管好每一笔资金的使用?
是否存在规章制度监管不到位的"自由行动"?
规章制度是否有助于纠错、治错更止错?
是否做到了用规矩确保资金安全,以诚信赢得资金支持?
领导是否带头遵章守纪,为资金管理树立榜样?
是否善于分析总结、听取意见,从而使资金管理尽善尽美?

【仿咸卦】
初六:从细节和微小方面入手,建立细密的资金约束管理体系。
六二:确保监管到位、有效,消灭资金使用的"自由行动"。
九三:强化制度威力,能防错、能纠错、能治错、能止错。
九四:规矩确保资金使用安全,诚信赢得资金支持。
九五:严格规范资金使用,从领导带头遵章守纪做起。
上六:经常开展相关检查和分析总结,不断提升资金管理水平。

第八章

萃卦：资金管理与高管团队

常言说"生财有道"，生财之道显然包括如何聚财、如何用财，只有把聚到一起的财力资本使用好，才会增值，实现生财。在聚财和用财方面，高管团队往往发挥着独特的重要作用。

资金与高管团队，前者为兑卦，后者为坤卦，兑上坤下，就是泽地萃卦。萃卦乃汇聚生发之象，对于企业而言，不论是资金管理还是高管团队，都应重视汇聚凝练，做到财力不散不竭、智力不散不竭，否则就是死象。萃卦揭示在资金管理中高管团队聚财与聚才的智慧。

萃卦卦辞：亨。王假有庙，利见大人，亨，利贞，用大牲，吉，利有攸往。

【释义】顺畅亨通。君王到太庙祭祀，有利于见到贤能的人；坚守正道，确保亨通；用大牲来祭祀，隆重庄严，吉祥，有利于采取行动。

【管理之道】追求事业的可持续发展是高管团队的使命，要完成这一使命，首先要激活使命意识。既然有平台和机会，就应当勇于担当，严肃认真对待，科学谋划，积极作为，以思想上的高度重视和行动中的坚定不移，发挥团队凝聚力的作用，争取优异成绩。

萃卦大象辞：泽上于地，萃。君子以除戎器，戒不虞。

【释义】泽水在地上，这是萃卦之象。君子意识到经常保养武器，以应对意想不到的突发事变。有备无患，以防不测。

【管理之道】财如水，既要聚合，又要流动。招财如修渠引水，用财似引水灌溉，既要防止源头枯竭，又要防范渠道不畅。总之要始终保持良好状态，才能从容应对意料之外的突发事件，保证组织在非常状态下也能正常运转。

萃卦初六爻:有孚不终,乃乱乃萃,若号,一握为笑,勿恤,往无咎。

【释义】有诚信但不能保持始终,经过治理再聚合;若及时发出呼号,可得应援,笑逐颜开,没什么可担心的,行动也不会有错。

【管理之道】高管团队良好的精神状态和工作姿态,往往会产生巨大的影响力,从而把各种要素凝聚起来。高管团队对资金的关注和管理如果有始无终、虎头蛇尾,不能始终如一,就会出现混乱和漏洞。

高管团队应该有良好的状态,有治乱和凝聚的能力,能够破滞为通、转危为安,带领大家一往无前、积极开拓。这就是高管团队应有的作为。

萃卦六二爻:引吉,无咎,孚乃利用禴。

【释义】积极引导,吉利无灾;诚信在心,简单明了。

【管理之道】高管团队积极贯彻最高领导层决策,努力创造和谐、健康、积极向上的良好氛围,这是聚财的重要前提。融资聚财,坚守诚信而不追求形式的高端、大气、上档次,用低调、朴素、有内涵的素质赢得响应。

萃卦六三爻:萃如嗟如,无攸利,往无咎,小吝。

【释义】汇聚却叹息,因为无利益;前行虽无错,却有小麻烦。

【管理之道】聚财聚人,凝心聚力,是一个持续不断的过程,有时候汇聚了财力人力,却因为缺乏有吸引力的项目而引发众人不满情绪。如果勉强采取行动,虽然不会有大的过错,却可能带来新的麻烦。因此,高管团队要不断总结和反思:是什么影响了融资聚财的吸引力?为什么会劳而无功?只有消除这些制约因素的羁绊,才会有皆大欢喜的结果和局面。

萃卦九四爻:大吉,无咎。

【释义】大吉大利,没有灾咎。

【管理之道】高管团队如果能够以事业发展吸引人,以真挚感情留住人,还能以巨大财力支持人,一定会收获巨大利益。财力支持,不光是个人待遇问题,更重要的是平台后盾,使干事业的人得心应手而无后顾之忧。

雄厚的财力支持,有时候就是原动力,不能因为资金支持不到位而致使人才"心有余而力不足",不能使项目因缺乏资金而"出师未捷身先死"。

萃卦九五爻：萃有位,无咎,匪孚,元永贞,悔亡。

【释义】身处君位,赢得众人会聚,没有过错;如果信任度偏低,从一开始就要坚守正道,这样才可以消除懊悔。

【管理之道】以团队的良好素质和整体形象,吸引人力资本和财力资本的融合,开创美好的发展前景。面对其他人的将信将疑,可以用正确的选择给出最好的回答。既在其位,又有其德,永走正道,才会生财有道。

萃卦上六爻：赍咨涕洟,无咎。

【释义】叹息流泪,没有灾祸。

【管理之道】高管之高,高在素质,高在心志,而非高在位置,因此,平日里就应该心存体恤,而不是高高在上,应该与大家在一起,而不是成为居高临下的孤家寡人,总之要不断检讨和自省。当凝聚力下降时,要痛定思痛,在叹息中自省,在自省中振作,重新把大家凝聚在一起,这才是正确之举,自然不会有过错。

【萃卦智慧检验高管团队的资金管控之道】
高管团队管控资金是否自信,筹措资金是否诚信?
高管团队能否以诚求信,以信求财,以财求盈?
高管团队能否聚财更聚才,聚力更聚心?
高管团队是否善于为"才用财、财生财"搭桥搭台?
高管团队是否善于指引方向、消除迷茫?
高管团队是否有持续作为、不断开创的意识和能力?

【仿萃卦】
初六:融资用财,持续关注;慎终如始,则无败事。
六二:融资聚财,诚信第一;形式简单,内容取胜。
六三:融资聚财,求真务实;华而不实,成始败终。
九四:财才结合,平台支撑;财薄才萎,财竭才枯。
九五:德位匹配,正道而为,诚信为本,无往不胜。
上六:孤傲有错,痛定思痛;自省振作,再聚财智。

第三篇
生产技术系列问题

　　生产技术系列问题,在六十四卦易理管理应用体系里是指以离卦为上卦,按照先天卦序排列下卦所形成的八个成卦,即大有卦、睽卦、离卦、噬嗑卦、鼎卦、未济卦、旅卦和晋卦,所阐释的管理问题分别是生产技术与领导之策,生产技术发展与资金支持,生产技术管理的基本原则,生产技术与营销活动规划,生产技术与外部智力资源,生产技术革新与群众创新,生产技术的制度化管理之道,以及生产技术管理与高管团队。

第一章

大有卦：生产、技术与领导之策

生产和技术在八卦易象里属离卦，企业领导属乾卦，二者结合，离上乾下，就是六十四卦中的火天大有卦。

大有卦突出一个"大"字，成就大事业，需要大视野、大胸怀、大境界，还要有大气魄、大手笔。不管是生产发展还是技术进步，都离不开领导的高度重视、科学决策和有效管理。

大有卦卦辞：元亨。

【释义】良好的开端走向最终成功。

【管理之道】火在天上，阳光照耀，万物生长，自然亨通。对企业而言，生产是其发展的基础，技术是其发展的一翼（另一翼是营销），因此，生产和技术得到来自领导层的大力支持，这是领导顺应规律的基本反映。领导虚怀若谷，生产和技术被高度重视，人们在各自的岗位上积极作为，可成就大业。

大有卦大象辞：火在天上，大有。君子以遏恶扬善，顺天休命。

【释义】火在天上，是大有之卦。领导由此领悟到应当遏止丑恶之行，褒扬良善之举，顺应上天大道，完成自己的职责使命。

【管理之道】生产和技术管理，应该是过程管理基础上的结果导向，从抓过程、抓细节入手，确保最终结果货真价实，没有假冒伪劣。只有在过程管理中高扬真善美，才能有效杜绝结果中的假恶丑；只有过程中的真材实料，才会有最终产品的货真价实。

大有卦初九爻：无交害，匪咎。艰则无咎。

【释义】与害无交，不会有错。审慎前行，不会有错。

【管理之道】认真无大过，小心驶得万年船。对生产和技术的过程管理，从一开始就要远离旁门左道，实实在在又干干净净，审慎开局，打好基础，谨防起始阶段犯错误。

大有卦九二爻：大车以载，有攸往，无咎。

【释义】大车满载前行，没有问题。

【管理之道】良好的开端，为后续发展创造了有利条件。生产技术活动有条不紊地进行，不断创造出价值，这是令人欣慰的状态。这时的管理不在于出新，而在于保持稳健。

大有卦九三爻：公用亨于天子，小人弗克。

【释义】公侯用心作为，得到天子赏赐，小人则做不到这样的程度。

【管理之道】既然是过程管理，就要始终严格管理和监督，确保每个环节正常运行、发挥作用，确保每个岗位尽心尽力做到最好、最优，只有这样才可以保证最终结果整体最优。如果出现漏洞，有一个环节出现问题，则可能极大影响最终的结果。

大有卦九四爻：匪其彭，无咎。

【释义】控制自我膨胀，这样就不会出错。

【管理之道】在困难的时候要看到光明，在形势大好的时候要警惕自我膨胀飘飘然。越是一帆风顺、成绩满满，越要保持小心谨慎，不可"大意失荆州"。

成就是发展的基础，而不是骄傲的资本。

大有卦六五爻：厥孚交如，威如，吉。

【释义】以自身的诚信与人交往，又保持应有的威严，这是吉祥的。

【管理之道】对生产和技术的过程管理，需要领导层和管理层注意两个重要的方面：其一是对执行层、操作层的充分信任，其二是确立刚性规则和严格标准。信任是尊重，是为了营造心情舒畅的工作环境；规则是约束，是为了行为有章可循。制度条文可以很无情，但其目的则一定是追求温馨。

大有卦上九爻：自天祐之，吉，无不利。

【释义】有上天护佑，很吉利。

【管理之道】吉人天相。如果生产和技术的过程管理一直处于良好状态，就一定能创造出备受瞩目的业绩，也一定会获得更多的支持，有利于适时、适度借助外部力量寻求更大发展。

【大有卦智慧检验领导对生产和技术的过程管理】
如何确保开局无误？开局前做了哪些准备工作？
生产和技术部门表现如何？本职工作做得怎样？
过程管理重在规范化、程序化、精细化，管理有无真空地带？
如何确保生产技术管理要求不走样、不跑调？
过程管理的奖惩制度落实如何？是否兑现承诺？
生产和技术外联公关做得如何？效果怎样？

【仿大有卦】
初九：从一开始就审慎以待，确保方向无错、路径无错、方法无错、举措无错。
九二：利用环境条件，实现生产技术的良性发展，创造良好业绩。
九三：强化过程监督，严格细节管理，杜绝管理真空。
九四：始终如一保持谨慎小心，持之以恒严加防范，避免"大意失荆州"。
六五：确立规则制度的权威性，严格执行，奖惩分明。
上九：适时对外开放，寻求合作伙伴，谋求更大发展。

第二章

睽卦：生产技术与资金矛盾的解决之道

资金运营的重中之重就是为生产发展和技术进步提供大力支持，可是当资金不能满足技术革新和生产发展需要的时候，或者资金使用方向和重点发生偏移时，就会出现生产、技术与资金背离运行的情况。这种情况下，生产技术管理中应当有应对资金支持不力的基本策略。

在八卦易象中，生产技术在离卦，资金在兑卦，二者结合上离下兑，就是六十四卦中的火泽睽卦。睽之本义，是指原本相互支持、互相促进的事物发生分裂背离。资金支持不能满足生产技术发展的需要，就是睽离之象。

如何让有限的资金有所作为，助力生产技术发展，正是睽卦在六十四卦易理管理应用体系中所要回答的问题。理清关联、整合资源、求同存异、发挥优势，是睽卦揭示的管理智慧。

睽卦卦辞：睽。小事吉。

【释义】面对背离之象，不可大动，以柔克刚就好。

【管理之道】当资金不能完全满足生产和技术的需求时，就是睽离之象，如果相关部门一味相互抱怨甚至相互指责，不仅无助于解决问题，反而会使问题越发严重。所以，正确有效的做法是有关方面积极沟通，相互包容、理解，在相互配合的基础上给予对方力所能及的支持。

出现睽离，同心协力徐徐图之，这就是积极而谨慎的"小事吉"。

睽卦大象辞：上火下泽，睽。君子以同而异。

【释义】火在上，泽在下，火上行而水下泄，这就是睽卦分离之象。君子人物由此领悟同中有异、和而不同的道理和智慧。

【管理之道】尽管水火不相容，但在企业运行中，资金之"水"与生产技术之"火"却相辅相成、相互配合,成为一个生机勃勃的体系。现在只是因为资金在满足生产技术需要方面有点力不从心,看起来是矛盾是分离,但实际上仍然是一个整体。

所以,领导层在解决这一问题时应该善于求同存异,充分尊重相关部门的实际情况,积极协调,集思广益,以理解取代抱怨,以配合代替指责,以协作促成支持,在有限的活动空间内打开发展的通道。抱怨、指责、等待的态度和做法只会使简单问题复杂化,于事无益、于事无补。

睽卦初九爻:悔亡,丧马勿逐,自复,见恶人,无咎。

【释义】让人懊悔的结果消失,就如同跑丢的马,尽管没有刻意去寻找,但它自己跑回来了一样,虽然遇到了令人不快的人和事,但不会有大问题。

【管理之道】如何让生产技术所面对的资金不足这一问题得到有效解决呢?不妨这样来做:

第一,积极与资金部门沟通,相互了解对方的实际状况,在理解的基础上达成共识;第二,多在生产领域做文章,通过生产自救解决资金投入不足的问题;第三,开源节流,提高资金使用效率,尽可能为生产技术提供最基本的保障。绝不可因为资金不足而心生抱怨甚至放弃作为,这无异于坐以待毙。

睽卦九二爻:遇主于巷,无咎。

【释义】与主人相遇在小巷,没有什么过错。

【管理之道】资金本来就是为生产技术等活动服务的,但现在由于种种原因而无法有力支持、有效满足,二者处于背离状态,这就相当于不能名正言顺地登堂入室,而只能勉强通过狭窄的有限渠道建立联系,属于无奈之举。

非常状态下采取非常之法,本身算不得错误。从另一方面讲,大路走不通可以走小道,当资金支持力度不足时,生产技术部门也需要创新思维,不走寻常路,想方设法多渠道、多对象筹措资金。自力更生,也可以丰衣足食。

睽卦六三爻:见舆曳,其牛掣,其人天且劓。无初有终。

【释义】看到车子被曳拽着,拉车的牛也被控制着,赶车的人还受过刺额割鼻的刑罚。这种景象意味着一开始并不怎么顺利,但最终的结果还是不错的。

【管理之道】资金支持的力度与生产技术的要求差距越来越大,生产经营与技术研发就会陷入重重困难。尽管如此,在追求生产发展和技术进步的道路上,绝不能牺牲品质换取利益,绝不能在生产和技术上弄虚作假。"品质塑灵魂,品牌树形象"始终是坚持不变的原则。不因资金不力就放松要求、放弃标准,坚持在资金有限的基础上确保生产环节和技术细节仍然做到精益求精。

睽卦九四爻:睽孤。遇元夫,交孚,厉,无咎。

【释义】睽离独处的人,遇到与自己相应的人,彼此信任,虽然还处于困难之际,但也不会有灾咎。

【管理之道】有问题不可怕,可怕的是在发生问题以后迷失方向,找不到同盟者,得不到大家的信任。一个企业即使发生资金断流,只要能迅速找到盟友并得到信任和支持,就可以化险为夷,渡过难关。所以,用诚信彰显信用,用信用取得信贷,用信贷提振信心,用诚信和品牌获取外部资金支持,应该是可行而有效的路径选择。

睽卦六五爻:悔亡,厥宗噬肤,往何咎。

【释义】懊悔的事情消失,同宗的人们撕咬着肉,接下来采取行动不会有问题发生。

【管理之道】对领导层而言,越是在困难的时候,越需要跟群众在一起,积极作为,为生产和技术提供力所能及的支持,解除后顾之忧。借助自己的领导位置,消除隔阂与分离,或筹措资金,或帮助解决生产技术问题,带领团队走出睽离状态,这样的努力值得肯定。关键时候关键人物要有关键作为。

睽卦上九爻:睽孤,见豕负涂,载鬼一车;先张之弧,后说之弧,匪寇婚媾,往,遇雨则吉。

【释义】孤独地处在背离的极端,看到猪满身污泥,装在车上就如同鬼怪。于是先张弓搭箭想射杀之,但后来脱手;终于看清不是敌寇而是前来谈婚联姻的。如此前往,即便下雨,也有好结果。

【管理之道】面对资金不足的严重问题,组织内部各相关部门需要多交流、多沟通,用沟通取代猜疑,以合作代替对抗,可以积极地寻求外部帮助。如果有来自外部的资金注入,也许会附带一些苛刻的条件,也许会牺牲一些眼前的利益,但如果有助于渡过难关,赢得长远发展,还是应当积极响应,采取多种合作方式甚至"联姻",这是一种智慧,更是一种境界。

【睽卦智慧检验生产和研发如何有效解决资金不足的问题】
正视现实,但不能一味抱怨;
自力更生,抛弃依赖,积极寻求解决之道;
品牌制胜,用有限的资源做最好的产品;
招商引资,向外寻求同盟伙伴;
发挥领导层的核心作用;
运用舍得智慧,与外"联姻",实现发展。

【仿睽卦】
初九:透明化,正视资金不足的现实,而不是遮遮掩掩。
九二:给生产和技术部门一定的自主权,使其自谋出路。
六三:可以为他人做嫁衣,但不能牺牲自己的品质和品牌。
九四:讲诚信,有信誉,积极寻求同盟者。
六五:积极发挥领导的关键作用。
上九:有舍有得,大胆与外部力量"联姻",实现全新发展。

第三章

离卦：企业生产技术管理之道

在企业生产经营活动中，生产、技术活动具有离卦所指代的属性。企业的生产、技术活动，两者相互依附，共同服务于企业的经营目标。

离卦之离，即附丽之丽，意思是相互依偎、互相依靠，也就是团结在一起。离卦之象，为日为火，两离相叠，意味着生生不息。

实体经济乃是全部经济的基础，生产和技术又是实体经济的基础，加强对生产和技术的重视，做好生产和技术的管理，提升生产和技术的质量，优化生产和技术的结构，是实体经济企业管理的永恒话题。

离卦卦辞：利贞，亨，畜牝牛，吉。

【释义】人要有所附丽才能安身立命，人之所附丽，在品贞身正。牝牛即母牛，驯顺能干，所以蓄养母牛吉利。喻指要不断蓄养柔顺的德行，这样才会吉祥。人以贞德正道为立身之本，自然亨通无阻。

【管理之道】企业要获得可持续发展，须依附于其生产、技术活动，通过为广大消费者提供良好的产品和服务，实现其不断发展壮大的愿景。

或许我们应该倒过来说，企业发展壮大的唯一可行途径，就是不断满足消费者的需求，而满足消费者的需求，最有效的途径就是不断向消费者提供质量和价值兼具的产品及服务，而这一切都离不开生产和技术体系的强力支撑。

技术是为企业生产经营服务的，不可一味追求高技术而影响了正常的生产经营活动，更不应该用技术手段去做假冒伪劣、以次充好、欺骗消费者的事情。企业生产经营活动，其实质是"为人民服务"，满足客户的需求，所以要严把质量观，提升价值量。

总体来讲，做企业人与做人是一样的道理，不仅要确保走正道，而且要有顺从的美德,这就是愿意尽自己最大的努力为他人服务、为客户服务。

离卦大象辞:明两作,离。大人以继明照于四方。

【释义】上卦离,下卦离,光明复加光明,这是离卦之象。领导者由此感悟到既应继承发扬先贤的优秀品德,不断完善自我,又应以自身的道德修养恩泽四方,成为众人依附的对象。

【管理之道】不断使自身的品质、品德、品格发扬光大,通过不断完善自我,实现惠泽四方;通过服务他人,得到大众认可和信赖;通过产品品质、技术品格和服务品德,实现对消费者的影响和吸引。

离卦初九爻:履错然,敬之,无咎。

【释义】面对错乱的脚印,保持必要的警惕和谨慎,没有坏处。

【管理之道】认真选择自己的前进方向和所要走的道路,无疑是重要的。方向性错误在任何时候都是致命的,因此一个企业应该谨慎地选择自己所要进入的行业领域、市场地域及其服务对象。

"履错然"就如同纷繁复杂的市场状态,一个有责任心、有战略思维的企业组织,应该能够做到谨慎以待,在深入调研、认真分析的基础上完成自己的战略定位、目标定位、方向定位、市场定位、服务定位、质量定位、价值定位等,这是防范出现错误的基本要求。在这一系列定位明确之后,企业生产及产品定位和技术定位也就随之确定。

兢慎于始,方能得吉于终。方向选择最怕凑热闹、赶时髦。

离卦六二爻:黄离,元吉。

【释义】靠自身品质赢得对方附丽,才会有最好的结果。

【管理之道】在生产和技术方面,企业要有足够的吸引力和凝聚力把生产高手和技术能手紧紧团结在一起,因为人才是竞争取胜的关键。

生产以技术为基础,技术以人才为基础。没有人才就没有技术;没有技术就没有生产;没有生产就没有高价值的产品;没有高价值的产品,就不可能满足客户需求;不能满足客户需求,就不可能有企业的健康、可持续发展。

只有通过实实在在的技术支撑、实实在在的生产活动,才能生产出实实在在的产品,才能提供实实在在的服务,才能实实在在地满足客户的需求,最终才会有企业实实在在的发展。

离卦九三爻:日昃之离,不鼓缶而歌,则大耋之嗟,凶。

【释义】如日之西下,当思一日之所为,若符合大道之本,就当庆幸,更当清醒;如果背离大道,就当在一声叹息之后立即改正,否则就危险了。

【管理之道】每经过一个阶段或一个周期,都要对企业生产运行和技术应用进行总结分析。这样的总结分析是为了在下一个阶段或周期取得更好的效果。优异的、有效的留下,不好的、无效的革除,如果做不到这一点,后果会很糟糕,甚至会带来大的凶险。

离卦九四爻:突如其来如,焚如,死如,弃如。

【释义】如果变化太快,突如其来,就会如烈焰腾升,反遭焚烧,走向失败,最终只能放弃或者被抛弃。

【管理之道】不管是谋求生产发展还是追求技术突破,都应当循序渐进,要适度、恰当。俗话说:一口吃不成胖子,罗马城不是一天建成的。企业的生产技术活动应该遵循稳步推进、循序渐进的原则,从自身实际出发,通过局部革新实现全面升级,适度而为,才会恰到好处。

离卦六五爻:出涕沱若,戚嗟若,吉。

【释义】泪流如雨,忧伤叹息,内心充满忧患意识,很好。

【管理之道】保持忧患意识,时刻防范风险。要让居安思危、防患于未然的意识落在实处、发挥作用,就要时刻反思企业在生产和技术方面还有哪些不足,还存在哪些薄弱环节,对手的优势和强项在哪里,等等。只有这样很具体、很实在地比对,才会发现自己的问题并有针对性地加以解决,才能够在危机到来的时候化险为夷。

忧患意识不是忧心忡忡,更不是泪流满面,而是建立起有效的预警机制,把防范措施做到忧患未然之前。

离卦上九爻:王用出征,有嘉折首,获匪其丑,无咎。

【释义】君王率军出征平乱,嘉奖杀死敌人首领的人,捕获其同伙,除恶扬善,赏罚分明,没有灾祸。

【管理之道】实现突破的时机已经到来,就要牢牢把握、充分利用,采取有力措施,追求甚佳结果。

发挥最高领导层统揽全局的作用,发挥科学技术的力量,强化生产和技术的优势,去除短板,拉长短边,改善薄弱环节,最终实现生产和技术迈上新台阶。

【离卦智慧检验企业生产技术管理之道】
对于生产发展方向和技术突破点是否清楚?
有怎样的机制和政策确保吸引技术人才?
怎样面对生产失误和技术研发受挫的结果?是否有试错、容错机制?
是否有盲目扩张和迷信高新技术的倾向?
是否意识到自己的不足、短处和可能的风险?
是否能够在机会到来时采取迅速行动?

【仿离卦】
初九:审慎确定生产和技术的发展方向及企业服务方向,保持稳定性。
六二:品质至上,以质量求生存,以服务求发展。
九三:善于总结,勇于自我否定,允许试错,优存劣汰,持续革新。
九四:适度而为,以局部变革带动全面升级。
六五:领导高度重视,建立预警机制,掌握潮流趋势,追踪前沿发展。
上九:抓住机遇,加大力度,乘势而上,实现突破。

第四章

噬嗑卦:生产技术管理与营销规划

生产活动、技术研发与市场营销、公关宣传,组成完美的虚实结合。生产和技术活动重在实,求真务实;营销和宣传活动重在势,可以适当虚张声势。二者一虚一实,虚实结合,营销和宣传以生产和技术为基础,生产和技术借营销与宣传来造势。简言之,生产与营销是企业运营之两翼,相辅相成,其势相助,势不可当。

从八卦易象来看,生产、技术在离卦,营销、宣传在震卦,二者结合,离上震下,形成六十四卦中的火雷噬嗑卦。噬嗑之意,是指牙齿上下咬合,比喻上下一起努力。

不管是生产、技术,还是营销、宣传,都应把强化管理、建立纠错机制放在十分重要的位置来对待,以确保各项活动正常运转。噬嗑卦揭示生产与营销之纠错管理。

噬嗑卦卦辞:亨,利用狱。

【释义】发展亨通,离不开严格管理。

【管理之道】要想顺利发展,必须有相应的规章制度保驾护航,做到制度化管理、程序化运行、标准化操作。

企业各项事业的运行,既要有目标机制,也要有动力机制,还要有约束机制,三者缺一不可。没有目标引领,就会各奔东西,无法形成合力;离开动力机制,目标就是海市蜃楼,可望而不可即;没有约束机制,团队就是乌合之众,不可能有统一行动。所以,建立健全严格、全面、规范、管用的规章制度是必不可少的。

噬嗑卦大象辞:雷电,噬嗑。先王以明刑敕法。

【释义】雷电相加,下雷上电,这是噬嗑卦之象。先王意识到要严明刑罚、整饬法纪。

【管理之道】规章制度不是可有可无,而是不可或缺;规章制度不仅要有,而且要能用,用了能管用。

在管理实践中,建立健全各项规章制度,做到纪律严明,规章严谨,要求严肃,执行严格。

噬嗑卦初九爻:屦校灭趾,无咎。

【释义】带上足枷约束脚趾,有这样的处罚就不会再有过错。

【管理之道】从生产管理、技术管理,到营销管理、宣传管理,推而广之到所有经营活动,都必须对初始发作的错误行为给予高度重视,并用严厉的措施处罚之,这就是把问题消灭在萌芽状态,不使其生长泛滥,引发更严重的后果。

生产活动和营销活动中的任何一点失误,都可能带来意想不到的影响,甚至会让所有的努力前功尽弃。因此,从起始阶段就严格把关,并采取严厉措施纠错,这是组织管理重要的基本原则之一。

噬嗑卦六二爻:噬肤灭鼻,无咎。

【释义】大口吃肉,用力过大把鼻子都陷进肉里,但没有过错。

【管理之道】多一份投入,多一份用心,是追求尽善尽美的基础。为了得到更好的产品,为了取得更好的营销效果,就必须多动脑、多用心、多尽力,这样的行为肯定不会错。反过来说,对于生产和营销中的过错,也要敢于采取更加严厉的措施,早发现、早纠正,这样才不会有更大的错误发生。

噬嗑卦六三爻:噬腊肉,遇毒,小吝,无咎。

【释义】大口吞噬腊肉干,有毒恶之味,于口舌有伤,但不会有大错。

【管理之道】纠错之举,必须是动真格的,要的是决心和毅力,直面错误,不惧困难,最好如快刀斩乱麻,切不可轻描淡写,更不能因为遇到阻力就半途而废。

纠错,毫不犹豫;改错,不遗余力;惩戒,毫不手软;守正,毫不动摇。

噬嗑卦九四爻:噬干胏,得金矢,利艰贞,吉。

【释义】吞噬带骨头的肉干,需要更刚健锐直的力量;能在艰难困苦中坚守,结果就是好的。

【管理之道】如果错误在升级,危害在加重,纠错遇到的困难和阻力更大,这就需要动员和汇聚更大的力量,以钢铁般的坚强意志,箭矢般的正直锐利,深刻剖析错误的根源,全面清理错误思想和行为,实现拨乱反正。

在此过程中,要做到锐利、果敢、彻底,不能将错就错,更不能以错对错、以邪治邪,必须通过正确的手段和路径回归正道。

噬嗑卦六五爻:噬干肉,得黄金,贞厉,无咎。

【释义】在位得势,吞噬干肉;自身正直,得遇力助;坚守正道,最终无咎。

【管理之道】纠错,要发挥集体的力量,而不是孤军奋战。领导班子要能够成为核心,广泛凝聚组织内部上下左右的力量,还要善于利用所处的位置和有利的时机。

之所以能够克服困难,是因为自己处在有利的位置;之所以得到辅佐,是因为自身正直;之所以最终胜利,是因为坚守正道。

噬嗑卦上九爻:何校灭耳,凶。

【释义】脖颈上戴着刑枷遮住了耳朵,这是凶兆。

【管理之道】犯错误很容易,改正错误很痛苦,有错不改很危险。

对于那些严重影响生产和营销活动的错误行为要及时采取清理措施。如果给那些积习难改的犯错之人"下不为例"的机会,也许就会给组织的健康发展埋下隐患,无异于养虎为患。

对原则性错误言行的姑息和宽容,无异于自我毁灭;对于执意在错误的道路上我行我素的人,要敢于施以严厉的惩罚,避免给组织带来严重后果。

【噬嗑卦智慧检验如何认真对待生产与营销中的错误】
是否有严格的制度规范确保生产和营销做到程序化运行?
是否有系统化、针对性的纠错举措?
是否有足够强大的力量和健全的机制确保纠错不半途而废?
是否能够因势利导有效纠错,而不是错上加错?

是否能有效发挥领导班子的智慧和集体的力量共同纠错?
是否有足够严厉的举措彻底清理错误顽疾?

【仿噬嗑卦】

初九:用严格的规章制度确保生产和营销活动程序化运行。

六二:对生产和营销活动中的错误行为采取严厉的措施。

六三:用健全的机制确保纠错干净彻底,避免半途而废。

九四:杜绝以错对错,用正确的途径回归正道。

六五:领导班子发挥核心作用,团结集体的力量纠正错误。

上九:严惩大错,清理队伍,对原则性错误绝不姑息宽容。

第五章

鼎卦：生产技术管理与借力"外脑"资源

革故方能鼎新，思维引领创新。

企业生产革新和技术创新，既要充分挖掘组织内部的智力资源，又要善于积极利用外部智力资源，把二者有机结合在一起，形成创新驱动的合力。以刚健稳重为本，立足生存，再谋发展；以化生为熟为基，实现创新，再求跨越。

从八卦易象来看，上卦离，代表生产、技术，下卦巽，代表外部智力资源，二者形成六十四卦中的火风鼎卦。鼎卦所述，为数字时代的技术创新提供了非常有益的重要启示和借鉴指南。

鼎卦卦辞：鼎，元吉，亨。

【释义】鼎卦是取新之象，所以走得通。

【管理之道】生产和技术研发，从一定意义上讲，都是创新性活动，如果及时获得贵人相助，就如虎添翼，一定既会有良好的开端，又有顺畅的发展，还会有理想的结果。

所以，在生产革新和技术创新方面，除了加强内部基础建设和过程管理，还应该积极主动眼睛向外，寻求高人指点、贵人相助，获得他们的支持。

鼎卦大象辞：木上有火，鼎。君子以正位凝命。

【释义】巽下离上，如木上有火，这是鼎卦之象。君子由此领悟到应当稳重如鼎，担当自己的使命。

【管理之道】正位凝命，就是正确对待自己的职责，积极担当自己的使命。面对创新之事，应该保持积极与慎重同在、热情与理性并存，因此，认真的态度就显得十分重要。

凡事认真当先，就能积极而不莽撞，谨慎而不迟疑，规范而不僵化，创新而不出格。

鼎卦初六爻：鼎颠趾，利出否，得妾以其子，无咎。

【释义】把鼎颠倒过来，有利于倒出里面的残渣污物，以便烹饪新的美食；同样的道理，如果纳妾是为了生养孩子，这样的行为没有过错。

【管理之道】不管是生产活动还是技术活动，都要及时革除不合时宜的东西，也许曾经是领先的工艺、流程、技术，但在今天已经很落后，一味固守就变成了进步的障碍。

怎么办？对此，最好的选择就是"忍痛割爱"，与曾经的昨日辉煌说再见。否则，就成了"抱残守缺"，其结果是自我封闭，而自我封闭是无法与时俱进、再造辉煌的。

鼎卦九二爻：鼎有实，我仇有疾，不我能即，吉。

【释义】鼎中有食，然而与之匹配的东西有问题，只要不与之关联，结果还是好的。

【管理之道】生产革新、技术创新，是实实在在的事情，还需要有很多要素与之配合，尤其是人的因素。如果这个相互匹配的过程有问题，如人机不匹配、人技不匹配，就会影响到最终的结果。

所以，在生产和技术的创新中既要善于打破常规，不走寻常路，又要能够区别并抵御歪门邪道，做到不迷惑、不摇摆、不犹豫，还要不断提高人员素质，始终走科学发展之路。

创新，可以追求奇和异，但不能歪和邪，所以，多听取高人之见、专家意见是有好处的。

鼎卦九三爻：鼎耳革，其行塞，雉膏不食，方雨，亏悔，终吉。

【释义】鼎耳损坏，鼎就不能搬动，里面的野鸡肉汤也没法食用。只要阴阳合，即便开始受些亏损，最终结果也会是好的。

【管理之道】贤人高人，身处事外，既可能"旁观者清"，又可能"言辞激烈"，讲话不留情面，观点无所顾忌。

如何才能正确对待有伤面子的意见，于领导和管理者而言，是一个很大的考验。如果领导和管理者虚怀若谷，自然听得进、容得下、悟得透、落得实。

只有当事者谦下包容,才会有集思广益的贵人相助。

领导和管理者充分信任高人贤人,高人贤人殚精竭虑提出真知灼见,这样才会走出急功近利的误区,取得最终的理想结果。

鼎卦九四爻:鼎折足,覆公𫗧,其形渥,凶。

【释义】鼎足折了,里面的八珍米羹倾覆在地上,周围都弄湿、弄脏了,这是凶险之象。

【管理之道】听取高人、贵人、贤人之言,是正确的、必须的,但要谨防小人搬弄是非,更要谨防听信谗言、误用小人。

听正确的话,做正确的事情,就包括聘请专家学者为生产革新和技术创新进行会诊,这是一种气度,也是一种智慧,更是一种格局。如果不这样做,就可能导致"武大郎开店——矮子里面挑将军",这是败局之象,要加倍防范。

鼎卦六五爻:鼎黄耳金铉,利贞。

【释义】金黄色鼎耳、金黄色鼎铉,守正得利。

【管理之道】面对生产革新、技术创新,领导层应能履行好全面领导的职责,合众人之力,聚众人之智,秉持中庸之道,彰显谦逊之德,既高瞻远瞩又脚踏实地,既引导前行方向,又尊贤容众,给贤能之人发挥作用创造适宜的环境和条件。如此,把好事做实,把实事做好,结果吉利自不待言。

鼎卦上九爻:鼎玉铉,大吉,无不利。

【释义】鼎耳之铉环用美玉装饰,大吉,没有什么不好。

【管理之道】既然领导提供了充分有利的条件和环境,高贤之人就应当积极作为,秉持真知灼见而又不失温情风度,纯洁无私而能担当大用,尽心竭力,不负众望。

【鼎卦智慧检验如何更好发挥智力咨询的积极作用】
高贤之人要善于发现生产和技术现有的问题,并提出改正意见;
智力咨询在关注生产和技术的同时,更应关注人员素质的提升;
智力咨询应有战略意识,戒除急功近利心态;
请高贤之人会诊生产技术问题,目的是实现持续健康发展;

领导层要善于为智力咨询发挥作用提供良好的环境和条件；
高贤之人要以良好的职业素养和过硬的专业素质提供服务。

【仿鼎卦】
初六：生产技术创新要从革除不合时宜之事做起。
九二：以人机匹配、人技匹配为基础，提升人的素质。
九三：以德为基，以才为本，以方为向，创新驱动。
九四：自信自省，借智借力，远离小人，拒绝谗言。
六五：好事做实，实事做好，为创新提供环境条件。
上九：各尽所能，施展才华，群策群力，集思广益。

第六章

未济卦：生产技术管理与人力资源管理

世间一切事物中，人是最可宝贵的，只要有了人，什么人间奇迹都可以创造出来，所以说群众是真正的英雄。只有掌握技术、操控生产、处在生产一线岗位上的人有素质且在状态，生产优质产品才有可靠保障。

在八卦易象中，生产、技术活动在离卦，掌握技术、掌控生产的人，也就是企业人力资源在坎卦，离上坎下，就是六十四卦中的火水未济卦。

济是渡河，未济，就是尚未渡过河，意味着仍需努力。从发展的角度看，任何一次结束都是新的开始，以终为始，从头再来。一个生产过程结束，又会有新的生产过程开始；一批产品完成，又会有新产品任务要完成。

因此，保持生产的平稳运行，保持技术的持续更新，保持一线人员的精神状态，是确保企业持续发展、生产连续运行、技术不断进步的基本法则。未济卦揭示生产过程中的人力资源管理之道。

未济卦卦辞：亨，小狐汔济，濡其尾，无攸利。

【释义】亨通之象，就像小狐努力过河，被河水弄湿尾巴，这无关利害。

【管理之道】企业追求健康可持续发展，每个人都应该为之付出艰辛的努力。对于处在生产一线的人员而言，任何细小的问题都要关注，不可因投入不够、努力不足、工作不到位而节外生枝，影响发展。因此，树立关注细节、谨守规范的意识至关重要。

未济卦大象辞：火在水上，未济。君子以慎辨物居方。

【释义】火在水上，是未济卦象。君子由此领悟到应该审慎思辨，透过现象看本质，使不同的事物各安其位、各居其所。

【管理之道】包括生产管理在内，都应该注意透过现象看本质，而不要被眼前的景象所迷惑,因为表象有时候就是假象。

只有审慎明辨事物本质、看清趋势、把握规律,才可通过管理使其各居其所,也只有各归其位才会各司其职、各尽所能、各有所用。所以,在生产一线管理中要有源头观念,强化追根溯源、看透本质的意识至关重要。

未济卦初六爻:濡其尾,吝。

【释义】河水打湿了尾巴,小狐过河有困难。

【管理之道】万事开头难。对生产一线的管理,一定要细致、细致再细致,因为忽视任何问题,都会给生产活动持续平稳运行带来影响甚至造成困难。

要提高细节管理的水平,增强细节管理的效果,一个基本的行之有效的选择就是开展全员管理、全程管理、全方位管理,发挥生产一线每一个人的积极性、主动性。所以,在一线管理中树立群众观点、走群众路线的意识至关重要。

未济卦九二爻:曳其轮,贞吉。

【释义】拽住轮子,使其减速,这是正确的做法,会有好结果。

【管理之道】生产一线的管理,既要充分调动一线人员的积极性、主动性、创造性,推动生产健康持续发展,又要善于有效控制,确保一切行动听指挥,做到令行禁止。

从控制和调节的角度理解生产管理,必须做到道路正确、方向明确、目标准确、控制精确。所以,在一线管理中强化标准意识、控制意识至关重要。

未济卦六三爻:未济,征凶,利涉大川。

【释义】未通之际强有所为是危险的,但在通达来临之时就应该积极作为。

【管理之道】生产过程中遇到困难的时候,如果不顾一切地贸然行动,很可能出现雪上加霜、错上加错的结果。

因此,既要善于审时度势、行止有度,更要善于变被动为主动,看清大势,提前谋划。所以,在生产一线管理中树立条件意识、时机意识至关重要。

未济卦九四爻:贞吉,悔亡,震用伐鬼方,三年有赏于大国。

【释义】正道而为,不会懊悔。振奋精神,克服困难;坚持不懈,终有所获。

【管理之道】生产管理,既要强调人性,体现对人的高度尊重,也要强调科学性,强化对技术的尊重,这两方面的完美结合才是真正的科学管理。

在生产一线管理中,要坚持以技术规范引领管理规范,以工艺流程梳理管理流程。所以,树立程序意识、规范意识至关重要。

未济卦六五爻:贞吉,无悔,君子之光,有孚,吉。

【释义】坚守正道,无难无悔。弘扬诚信美德,绽放君子光彩。

【管理之道】方向道路正确了,才会有好结果。

各级管理者在管理实践中一定要时刻牢记"科学发展观",确保技术进步方向正确,生产发展道路正确,人的全面发展品德精神正确。高举德信旗帜,带领大家走向成功。所以,在生产一线管理中强化思想引领、文化影响至关重要。

未济卦上九爻:有孚于饮酒,无咎,濡其首,有孚失是。

【释义】因为诚信满满,所以欢乐多多。这样的状态不会有问题,但是一定要保持清醒,如果脑子失去理智而犯糊涂,诚信也就失去了。

【管理之道】生产顺利运行,一定是各方面管理到位的结果。越是胜利在望,越要保持高度警惕;越是接近完成,越要谨慎小心。"慎终如始,则无败事"说的就是这个道理。

胜利在望时的"一招不慎,满盘皆输"那才真的是与成功失之交臂。所以,在生产一线管理中树立自始至终、持之以恒的意识至关重要。

【未济卦智慧检验生产一线的管理原则】
审慎开局,关注细节;
张弛有度,坚守正道;
审时度势,因势利导;
程序为要,规范至上;
思想引领,文化影响;
慎终如始,持之以恒。

【仿未济卦】

初六:发动群众,从细节入手强化管理。

九二:实施精细化管理,精准施策。

六三:抓住机遇,创造有利条件。

九四:尊重科学,尊重规律,使管理规范与技术和工艺相匹配。

六五:积极发挥文化建设在一线管理中的重要作用。

上九:制度培养习惯,习惯成为传统。

第七章
旅卦：生产技术管理与规章制度建设

生产技术与规章制度之间往往是硬碰硬的关系，如何做到生产技术发展不违规、不逾矩，如何让既有的规章制度有利于促进生产技术的发展，离不开管理的智慧思维。

在八卦易象中，生产及技术在离卦，规章制度在艮卦，二者结合，离上艮下，就是六十四卦中的火山旅卦。

生产如火，规则如山，动静结合，以静制动，用规则制度确保生产和技术沿着正确的道路前行。越是强调创新超越，越要强化规则意识，确保正道创新、正道发展。火山旅卦揭示用规章制度为生产和技术活动保驾护航的道理。

旅卦卦辞：小亨，旅贞吉。

【释义】处在发展状态之中，就包含着亨通的机遇；坚守正道，就会收获好的结果。

【管理之道】生产是一个连续不断的过程，技术革新贯穿于生产发展的全过程，因此，既要坚守基本的规则，又要善于寻求突破、实现变革。

处理好生产稳定和技术革新二者之间的关系，离不开道路正确、管理到位、方法科学。

旅卦大象辞：山上有火，旅。君子以明慎用刑，而不留狱。

【释义】山上有火，这是旅卦之象。圣明的领导由此意识到要审慎而明断，才不会给任何错误留下泛滥成灾的途径和空间。

【管理之道】如何在生产稳定发展的状态下实现技术革新，是一个需要审慎对待的大问题。稳定而不升级，就缺乏可持续发展的后劲；创新而缺乏稳定，就会影响当前的发展和利益。因此要谨慎决策，寻取二者的最佳结合点，防止因失误而导致灾难性后果。

旅卦初六爻:旅琐琐,斯其所取灾。

【释义】身处旅途,心有疑惑,应小心谨慎、远离灾祸。

【管理之道】生产和技术的发展中有很多具体而细碎的问题要处理,这时就需要认真、谨慎。用制度规则确保大处着眼、小处着手,区分大小、掂量轻重、辨别远近、安排先后,避免因大而化之、好高骛远而造成不良后果。

旅卦六二爻:旅即次,怀其资,得童仆贞。

【释义】找到安身之所,保管好钱财,还得到忠诚的童仆。

【管理之道】不管是生产的改进与完善,还是技术的升级与革新,都需要找到坚实的基础,需要资金支持,还需要有相应的配套手段和力量。简言之,用制度做好安排,落实保证条件,为发展打好基础。

旅卦九三爻:旅焚其次,丧其童仆,贞厉。

【释义】住处遭焚,童仆丢失,情况很危险。

【管理之道】只有良好的愿望而没有相应的条件做支撑,这是很危险的事情。所以,围绕生产改进、技术革新,一定要强化规则制度的约束,确保相应条件到位,珍惜并用好已有资源,做力所能及的事情,避免不必要的损失。

旅卦九四爻:旅于处,得其资斧,我心不快。

【释义】找到住处,得到利器,但心中仍有不快。

【管理之道】变动荡为安定是重要的环境改善。在谋求生产改进、技术革新的过程中得到有力的武器,就是一种巨大的进步力量。因此,寻求突破从细微处着手,不忽视任何一点小小的进步,要戒除急功近利的心理。

尽管小小的改变不足以带来实质性的突破,但积小为大、积少成多,终究会走向全面突破。

旅卦六五爻:射雉,一矢亡,终以誉命。

【释义】一箭毙命射杀山鸡,贡献给君王以示自己光明磊落,最终得到赞誉和任命。

【管理之道】坚持用规则制度指导生产活动,建立生产活动运行的跟踪机制,确保生产发展始终在制度规则允许的范围以内,力争实现目标"一矢中的",有效防止生产过程的"无效劳动""空耗运转"。

旅卦上九爻:鸟焚其巢,旅人先笑后号啕,丧牛于易,凶。
【释义】鸟巢被焚,乐极生悲;牛也丢了,灾祸连连,这是凶险之象。
【管理之道】坚持预防为主,充分发挥制度规则的约束和监督作用,追求生产改进和技术革新的"零失误""零事故"。

杜绝原发性事故,就不会有次生事故;筑牢篱笆无缝隙,胜似亡羊补牢。

【旅卦智慧检验生产一线制度化管理之道】
如何做到规章制度为生产和技术进步服务,而不是阻碍生产和技术的进步?
用哪些举措为生产和技术提供制度化保障?
如何建立有效的风险防控机制,做到量力而行、尽力而为?
如何用制度引导生产技术从"细枝末节"上实现突破常新?
如何用体制、机制确保生产技术不发生"无效运行"?
如何用体制、机制确保风险危机不发生"连锁反应"?

【仿旅卦】
初六:执行制度要认真,变革规则须谨慎。
六二:脚踏实地,寻求突破;规则为纲,资源为基。
九三:力所能及,实事求是;有心无力,十分危险。
九四:点滴进步,积小为大;以点带面,积少成多。
六五:职责明确,措施到位;目标导向,效率至上。
上九:预防为主,强化监督;打好根基,本质安全。

第八章

晋卦：生产技术管理与高管团队

在八卦易象中，生产、技术活动用离卦表示，高管团队用坤卦表示，二者结合，离上坤下，在六十四卦中就是火在上、地在下的火地晋卦。

晋卦之晋，是"进"的意思，表示前进。日出地上，就是晋卦之象。高管团队有责任推动生产和技术一点点进步、一步步前行，一如旭日东升，事业兴旺发达。对高管团队而言，推动企业生产发展、技术进步，创造出骄人的业绩，就是最完美的尽职尽责，也能因此而获得领导层的认可。

晋卦卦辞：康侯用锡马蕃庶，昼日三接。

【释义】侯爵治理国家安泰康宁，得到天子赏赐，一天多次接见。

【管理之道】身为高管，当有高度的觉悟、高水平的能力、高尚的道德情怀，这些素质在管理生产技术活动的实践中可转化为引人注目的经济效益。

高管之高，在使命担当、任重道远；高管之管，在尽职尽责、任劳任怨。

晋卦大象辞：明出地上，晋。君子以自昭明德。

【释义】日出地上，不断上升，这是晋卦之象。领导由此领悟到应该像太阳普照大地一样，彰显自己的品德，为大家树立榜样。

【管理之道】高管团队对生产经营和技术革新的管理，既离不开对工艺流程和专业技术的了解，又不应该陷于工艺和专业的具体事务之中。

高管之高，高在品德；高管之管，管在观念。高管团队对生产技术的管理，重在抓思想、抓作风、抓态度、抓责任、抓落实。如果高管团队自身的思想、作风、态度、责任都没有落实，都没有成为生产一线的表率，怎么可能将生产和技术抓出成效呢？

晋卦初六爻：晋如摧如,贞吉;罔,孚裕,无咎。

【释义】前进也罢,受挫也罢,坚守正道,自会吉祥;别人可能不信,但自己要有自信,这样不会有过错。

【管理之道】不管是生产改进还是技术革新,都会在前进发展过程中遇到障碍、遭受挫折,而这正是高管团队凝聚人心、攻坚克难、积累经验的机会。同时,面对来自生产一线的疑惑,要有足够的自信来影响大家的情绪,稳定人心,提振信心,为战胜困难奠定坚实的精神基础。

晋卦六二爻：晋如愁如,贞吉;受兹介福,于其王母。

【释义】前进中还有忧愁,守正才会吉利;真正的回报来自依靠的对象。

【管理之道】在生产发展、技术进步的过程中,高管团队要时刻保持忧患意识,这是一种难得的清醒,有助于防范风险危机,避免方向性错误的发生。

同时还要有感恩之心,感恩那些坚守在生产一线岗位上辛勤劳作的生产技术人员。群众是真正的英雄,基层一线工作人员最了解具体情况,最清楚问题出在哪里,他们也是直接操作处置问题的人。他们的精神状态决定问题解决的程度。

因忧患而谨慎,因感恩而受援。

晋卦六三爻：众允,悔亡。

【释义】众人信任,懊悔消亡。

【管理之道】相信群众与得到群众信任,是相互联系的两个方面。只有相信群众,才能得到群众的信任。

在生产、技术管理中,高管团队以诚信赢得众人的支持,从而凝聚起巨大的群众力量,去战胜生产发展、技术革新中遇到的困难。

晋卦九四爻：晋如鼫鼠,贞,厉。

【释义】如鼫鼠一般的小人也会在前进中得到晋升,这真的很危险。

【管理之道】相信群众、发动群众、群策群力、集思广益,这是群众工作中行之有效的基本原则,但绝不意味着重用小人。

解决生产、技术问题,高管团队应该做到重心下移、深入一线,与广大生产技术人员凝心聚力、攻坚克难。对于有突出贡献者可以重奖,但要避免重用品行不端、境界不高、动机不纯的人。

晋卦六五爻:悔亡,失得勿恤,往吉,无不利。
【释义】懊悔的事情没有发生,得失不必担心,继续前行,收获利益。
【管理之道】高管团队运用正确的群众工作方法,通过发动群众、群策群力、集思广益、凝心聚力,克服了生产发展、技术革新中遇到的问题,在这一过程中所付出的一切都因为问题的解决而得到回报,令人欣喜。那么,沿着这一正确道路坚定不移地走下去,就一定无往而不胜,也一定能取得越来越好的效益。

晋卦上九爻:晋其角,维用伐邑,厉,吉,无咎,贞吝。
【释义】前行晋升已达极端,只能征伐附属小国,有危险,但结果不错,固守不变才真的会有问题。
【管理之道】随着生产、技术活动走上健康、持续、稳定发展的轨道,一个新的问题又摆在高管团队面前:下一步朝哪儿走?怎么走?
这其实就是要考虑并规划下一阶段的目标和路径。解决这一重大问题的基本原则是"留有余地、审慎而为":切不可追求超规模生产,更不能以发展的名义贸然进入陌生领域;要有眼睛向内、不断完善、持续更新的举措;要把继承传统与改革创新相结合。

【晋卦智慧检验生产技术对高管团队的基本要求】
困难面前、关键时刻,高管团队能否成为团结群众的核心?
用什么机制和举措确保相信群众、发动群众、依靠群众?
用什么机制和行为确保高管团队的决策得到群众信任、支持?
能否做到重奖有功之人又确保用人无误?
能否通过系统性总结把成功经验上升为普遍指导理论?
能否形成科学的连续决策机制以确保方向和路径正确?

【仿晋卦】
初六:高管不是高官,高高在上的不是身段而是境界。
六二:眼睛向下,重心下移,心系群众,受益无穷。

六三：以诚信赢信任，用群策聚群力，依团队取胜利。
九四：论功行赏有制度，选贤用能有机制。
六五：善率众攻坚克难，更能把经验理论化。
上九：建立健全持续决策、调整目标、规划路径的机制。

第四篇
营销宣传系列问题

　　营销宣传系列问题,包括企业营销宣传、公共关系营销、广告宣传、企业文化建设、全员学习及培训等方面的内容,具体到六十四卦易理管理思想体系,是指以震卦为上卦,并按先天卦序排列下卦所形成的八个成卦,即大壮卦、归妹卦、丰卦、震卦、恒卦、解卦、小过卦和豫卦,分别阐释营销管理的领导决策之道,营销宣传及企业文化建设中的资金支持之道,营销活动与生产技术管理之道,营销宣传及企业文化建设的基本原则,企业营销及文化建设与外部资源的关系,营销及企业文化建设与人力资源管理之道,营销宣传及企业文化机制建设之道,以及营销宣传与企业文化建设管理中的高管团队。

第一章

大壮卦：营销宣传与领导班子

如果营销、广告宣传、企业文化建设、内部培训等受到最高领导层的高度重视，而且给予强有力的资金支持，那么，伴随着这些活动效果的逐渐呈现，企业经营就一定会越来越顺畅。当然，企业越是处在不断壮大的状态，越要坚持走科学发展的道路。

营销、广告、企业文化建设、内部培训等在八卦易象中属震，领导属乾，二者结合，震上乾下，就是六十四卦中的雷天大壮卦。大壮卦在易理管理思想体系中解析营销宣传及企业文化建设等活动中领导层应有的智慧策略。

大壮卦卦辞：利贞。

【释义】守正有利。

【管理之道】走正确的道路，直指成功；成功之后，仍然选择正确的道路，这才能可持续发展。既然走向繁荣昌盛的道路已经很清晰，那就坚定不移地走下去，积极主动，有所作为。

大壮卦大象辞：雷在天上，大壮。君子以非礼弗履。

【释义】雷在天上，大壮之象。领导以此领悟到坚决不做不符合礼法和道义的事情。

【管理之道】强大之前，老老实实循规蹈矩，很多组织可以做到这一点，因为强大之前无力挑战规则。强大之后，伴随着实力增强，就开始不安分起来，这也是很多成功组织的表现，正是这种自以为是、不可一世的想法和做法，为组织的毁灭埋下了隐患。因此，即使自己强大到独一无二的地步，也要确保所作所为符合基本的道德规范和法纪规则，更不能去干伤天害理的事情。真正的强大，不是建立在违法乱纪的基础之上，而是走正道的结果。

大壮卦初九爻：壮于趾，征凶，有孚。

【释义】才开始壮大，采取太大的行动必然有凶险。

【管理之道】作为造势的行动，当然是声势越大越好，但这一切要建立在组织目前能做到的基础上，要与组织所能给予的支持力度相适应，而不是想当然地为所欲为。从策略而言，量力而行、顺势而为才是正确选择，那种超越实际的大规模行动则可能给组织带来难以预料的严重后果。

大壮卦九二爻：贞吉。

【释义】坚守正道才会有好的结果。

【管理之道】企业营销活动、文化建设活动、学习培训活动，都需要解决好方向、规模、路径、方法、形式五位一体的问题，要做到方向正确、规模适度、路径合理、方法有效、形式多样。

大壮卦九三爻：小人用壮，君子用罔。贞厉，羝羊触藩，羸其角。

【释义】肤浅的人喜欢显示自己的强壮，而高明的君子不这么做。强壮固然好，但也有危险，就好像公羊喜欢用头撞藩篱，往往被藩篱困住羊角。

【管理之道】追求做大做强，本身没有错，但强大不能成为任性胡为的资本，更不能因为强大而目空一切，随意向制度规则挑战。真正高明的做法是学会用智慧的做法解决进一步发展强大的问题，用思路寻找出路，多用头脑而不是多用手脚，最起码是用头脑指挥手脚而不是用手脚代替头脑。

大壮卦九四爻：贞吉，悔亡。藩决不羸，壮于大舆之輹。

【释义】守正，不会出错。公羊冲撞藩篱而不被卡住，捆绑车轴的皮绳牢固而不脱。

【管理之道】始终坚守正道，在制度规则允许的范围内行动，就不会出现过错。营销活动、文化建设活动、学习培训活动的不断推进，为最终的突破积蓄了相应的能量，这时就要积极作为，一鼓作气冲破藩篱的束缚，实现突飞猛进。

大壮卦六五爻：丧羊于易，无悔。

【释义】拴在田畔的羊丢失，但无须懊悔。

【管理之道】领导层要时刻关注营销活动、文化建设活动、学习培训活动的进程和状态,牢牢掌控其发展方向,及时纠正其偏差倾向,避免不必要的、无意义的付出,防范因为行动失当而造成的损失,警惕因为错误决策造成的损失。

大壮卦上六爻:羝羊触藩,不能退,不能遂,无攸利,艰则吉。

【释义】公羊抵触藩篱被困住,不能后退,也无法冲破,这样的行动不会有好处,在艰难之时懂得待机而动就会吉利。

【管理之道】所有活动在最终突破前往往也是最艰苦的时候,这时需要的是再坚持一下的决心和毅力,冲破黎明前的黑暗,迎来的将是朝霞满天和光明。这时,比财力支持更重要的是战胜艰难险阻的信心。待机而动,坚持到底,决不让功亏一篑的悲剧成为现实。

【大壮卦智慧检验领导面对营销、文化建设、学习培训的策略选择】
发展道路有歪门邪道之嫌吗?
能找到不为与作为的临界点吗?
怎样确保找到解决问题更有效的策略?
如何在条件具备时迅速行动?
怎样避免因领导层失误而导致的损失?
如何在困难的时候鼓舞士气,激发大家的斗志?

【仿大壮卦】
初九:确保营销活动、文化建设活动、学习培训活动在可支撑的基础上运行。
九二:确保营销活动、文化建设活动、学习培训活动在方向、规模、路径、方法、形式五位一体上科学、合理、有效。
九三:确保依思路寻求出路,智为而不是莽撞蛮干。
九四:确保在规则制度允许的范围内积极作为,寻求突破。
六五:确保领导层对营销活动、文化建设活动、学习培训活动的全面掌握和有效管理。
上六:确保在困难的时候能够凝神聚力,坚定信念,坚持到底,实现突破。

第二章

归妹卦：营销宣传与资金支持

营销宣传及企业文化建设首先是花钱的事情，需要随时得到资金支持。资金支持营销及企业文化建设等项目，是一种内部投资，而企业营销活动的良好开展，是企业盈利增长的源头所在。这是基本逻辑关系。

在八卦易象里，营销宣传、企业文化建设等属震卦，资金管理属兑卦，震上兑下，就是六十四卦中的雷泽归妹卦。归妹卦所揭示的抉择之道，可以指导资金部门在支持营销活动时做出正确的分析和决策。

归妹卦卦辞：归妹，征凶，无攸利。

【释义】从归妹抉择来说，采取行动不好，因为无利可得。

【管理之道】不是所有的活动都要提供资金支持，因为不是所有的资金付出都能得到回报，关键在于是否恰当。所以，在资金运用之前，一定要对所支持的活动进行全面的分析考察，避免不必要的误判误投。兵法所谓"合于利而动，不合于利而止"，也证实这个原则的正确与必要。

归妹卦大象辞：泽上有雷，归妹。君子以永终知敝。

【释义】泽上有雷，这是归妹的卦象。领导由此领悟到要防范凋敝的发生，以确保企业经营善始善终、千秋万代。

【管理之道】审慎地对待内部投资，明辨利弊，使凋敝之象永不发生。营销活动制造声势、吸引公众注意力、刺激消费者欲望、影响消费者行为，其最终目的还是谋求企业经营获得最大利益。对于这样的营销活动，给予资金支持，应该是自然而然的事情。

归妹卦初九爻：归妹以娣，跛能履，征吉。

【释义】娣以娣的身份随姐出嫁,这是约定俗成的规矩,虽没有显赫地位,也需要发挥作用,这样的行为没有什么不妥。

【管理之道】财务运作,与财力雄厚与否无直接关系,不能因为财力雄厚就大手大脚,也不能因为财力拮据而削减所有投资。任何时候都要确立成本意识,实行精打细算,这是资金管理的基本要求。有些情况下不得已要便宜行事,也要坚守基本的财务原则。要保持对职业、职责的敬畏,认认真真做好自己的事情,即便是应变之策也要确保在制度允许的范围之内,这样做才会有比较理想的结局。

归妹卦九二爻:眇能视,利幽人之贞。

【释义】即使受到伤害,只能一只眼看,也要隐忍并坚守正道品德。

【管理之道】资金运作尤其是支持营销活动,有时候常常被人误解。如果通过解释和说明能得到有关方面的理解,那就做好说明、解释清楚;如果条件不允许解释,就要能够面对误解甚至是曲解和诬陷,默默承受不利处境所带来的打击,坚定理想信念,坚持做好投资管理,任何情况下都不可以放弃职业道德和职业操守。

归妹卦六三爻:归妹以须,反归以娣。

【释义】把妹当姐那样往出嫁是不行的,还是要以娣的身份出嫁才行。

【管理之道】营销活动要善于推陈出新,甚至要有点出其不意的招数。但是,创新不等于没有规则,不代表可以逾越任何束缚,也就是说,创新永远不能挑战基本的制度安排,不做违反规章制度和程序的事情。这也是取得资金支持的前提条件。

归妹卦九四爻:归妹愆期,迟归有时。

【释义】妹妹出嫁因故延期,但终究会有出嫁之时。

【管理之道】营销工作要善于从实际出发,可以大胆设想,但要小心求证;可以超常规安排,但不能急于求成,要避免错上加错的选择。待机而动、顺势而为不失为明智的选择。

归妹卦六五爻:帝乙归妹,其君之袂不如其娣之袂良。月几望,吉。

【释义】高贵的君王之女出嫁,朴素的衣裳没有陪嫁的妹妹的衣裳华丽。选择在月圆前夕良辰吉日举行典礼,一派吉祥。

【管理之道】企业营销要善于打出组合拳,各种手段之间形成相互支持的系统。核心、本质要素可以简单大方、以质取胜;辅助手段可以适当修饰美化,吸引人们的关注。以德安身,以智取胜。

归妹卦上六爻:女承筐无实,士刲羊无血,无攸利。

【释义】婚礼庆典仪式上女仆手里的提篮空无一物,青年男子调制交杯酒也没有刺出羊血,这是不吉、无利的征兆。

【管理之道】营销活动可以追求出新出彩,可以异彩纷呈,让人眼花缭乱,但要谨防走向极端,把营销变成有名无实的把戏。切记:营销活动必须以提供实实在在的利益为最高原则。

【归妹卦智慧检验正确处理营销活动与资金支持的关系】

各安其位、各司其职,在各自履行好职责的基础上相互支持;

面对不同意见,坚持按照原则和制度规定办事;

不违反规则,有错即改,坚决反对不负责任地错上加错;

有目标、有指标,但不要急于求成;

营销活动可以多措并举,既追求以质取胜,又追求以智取胜;

形式为内容服务,谨防有名无实的营销闹剧。

【仿归妹卦】

初九:从实际出发,理性分析,知己知彼,资金运用精打细算,科学谋划营销活动。

九二:要有一定的抗压能力,在逆境中也能坚守职责和操守。

六三:在制度规则范围之内可以区别对待、特事特办。

九四:大胆设计,谨慎实施;待机而动,顺势而为。

六五:营销活动整体化、系统化,各种形式相互支持。

上六:坚持利益导向、价值导向,力戒营销活动有名无实。

第三章

丰卦：营销宣传与生产技术

在八卦易象里，营销宣传在震卦，生产技术在离卦，二者结合，震上离下，就是六十四卦中的雷火丰卦。

以生产和技术为基础，营销宣传活跃而有效，整个企业发展处于盛大亨通的状态。丰卦揭示生产与营销比翼齐飞的管理之道。

丰卦卦辞：亨，王假之，勿忧，宜日中。

【释义】亨通，君王利用这一状况，使民众无忧无虑，君王之德如日中天、普照大地。

【管理之道】生产活跃，发展顺畅；营销有势，盛大亨通。领导层应该利用这一大好局面，让组织成员享受发展成果，同时树立忧患意识，谨防昙花一现式的繁荣，力争保持长期可持续发展的态势。

丰卦大象辞：雷电皆至，丰。君子以折狱致刑。

【释义】上雷下电，雷电皆至，这是丰卦之象。君子意识到当以离卦之明审慎断案，以震卦之威彰显刑罚。

【管理之道】强调领导和管理者首先应透彻明察，能够在繁荣发展的时候洞察隐藏的危机，其次是行动果断，在调整自己的行为时要敏锐。所以，丰卦意在提醒人们不可因丰而疯，沾沾自喜，忘乎所以，而忽视风险危机；亦不可因丰而封，小富即安，故步自封。正确的选择是在盛大亨通的基础上，实现组织成员个人职业的持续发展。

丰卦初九爻：遇其配主，虽旬无咎，往有尚。

【释义】向上发展，得遇领导，虽有反复，无有错咎；相互交流，值得赞赏。

【管理之道】发展是一个不断升进的过程,生产和营销的不断发展,为全体成员提供了成就个人职业生涯的绝好条件,这就是事业发展的最大价值。向组织靠拢,向领导凝聚,向发展进发,追求更大的进步。

丰卦六二爻:丰其蔀,日中见斗,往得疑疾,有孚发若,吉。

【释义】硕大的草帘遮天蔽日,一片漆黑,这时前往会被人猜疑,只有表现出诚信,才会有好的结果。

【管理之道】团结就是力量,这种力量如果用在正道上,就是成绩,如果用在歪门邪道上,就是恶果。因此,在企业发展势头良好的情况下,要谨防邪气上升给团队成员带来不必要的伤害。追求发展和繁荣,但绝不追求虚假的、有害的发展繁荣。以责任担当彰显企业诚信,始终如一走正道。

丰卦九三爻:丰其沛,日中见沫,折其右肱,无咎。

【释义】硕大的幔幕遮天蔽日,有所行动造成右臂骨折,意识到这一点,就可避免伤害的发生。

【管理之道】发展繁荣,带给企业的将是更多的机会和更大的空间,越是在这样的时候越要加强管理,不因萝卜卖得快了就不洗泥,不因市场环境有利就降低标准。如果借机赚取"昧心钱""黑心钱",无异于自残肢体,最终受到伤害的是企业自身。所以,越是在一帆风顺、形势大好的时候,越要付出更多的爱心、细心、责任心,这样做才不会有问题。

丰卦九四爻:丰其蔀,日中见斗,遇其夷主,吉。

【释义】尽管遮天蔽日、环境险恶,但遇到了真正的中坚力量,结果自然吉利。

【管理之道】不管是生产还是营销,中高层管理者都肩负着重要的职责;不管是一派繁荣、形势大好还是发展受阻、遇到困难,中高层管理者都应当积极作为,把群众团结在自己周围,带领大家再接再厉去争取更大的胜利。时刻成为大家的主心骨,是对中高层管理者的基本要求。

丰卦六五爻:来章,有庆誉,吉。

【释义】招徕章美之才,可喜可贺,好。

【管理之道】为了实现可持续发展,需要随时招徕人才,发挥其作用,这是企业最高领导重要的职责所在。要有事业的可持续发展,首先要确保人才队伍的可持续发展。选才、育才、用才、留才,把人才工作作为重要的战略系统工程来对待。用贤才,促发展。

丰卦上六爻:丰其屋,蔀其家,窥其户,阒其无人,三岁不觌,凶。

【释义】房子不断扩大,席棚遮盖家院,窥视门户,寂静无人,很多年都这样见不着人,这是凶象。

【管理之道】经过艰苦的努力,企业发展走上正轨,事业不断发展壮大,在这样的状态下,还应该注意哪些问题呢?可以追求大,更应做到强;分享发展成果,不可目中无人;谨防小富即安,避免故步自封;走出自我王国,勇于开拓革新。要追求可持续发展,不能把自己封闭在"小王国"里。

【丰卦智慧检验生产与营销比翼齐飞之道】
以发展目标为导向,协调生产与营销;
以诚信为基础,确保生产和营销不弄虚作假;
远离歪门邪道,不赚昧心钱、黑心钱;
发挥中高层管理者的作用,凝心聚力;
以人才可持续发展支撑事业可持续发展;
在做强的基础上做大,在做大的基础上开放。

【仿丰卦】
初九:以科学发展为指导,追求健康、绿色、可持续发展。
六二:诚信为本,拒绝弄虚作假,不搞虚假繁荣。
九三:责任至上,不因眼前利益而昧心,不因短期行为而自毁。
九四:精诚团结,凝心聚力,共创辉煌。
六五:以人才工程为抓手,奠定可持续发展的基础。
上六:以做大做强为基础,对外开放,积极变革。

第四章

震卦：营销活动与企业文化建设的基本原则

震为雷，代表着震动如雷，表示能量爆发。

企业的营销活动、对外广告宣传、品牌形象展示、企业文化建设、内部学习培训等一系列活动，尽管形式各异、内容不同，但其作用完全一致，就是为企业蓄能造势。因此这些活动是企业能量的爆发，都具有震卦所代表的属性。

现代营销理论认为，企业存在两个市场、两类客户、两种营销，一类是企业外部的市场、客户以及相应的营销活动，另一类是企业内部的市场、客户以及相应的营销。前者就是传统意义上的市场营销活动，包括市场调研、市场分析、市场定位、营销组合等；后者主要是通过企业文化建设、内部学习交流机制等来实现，最终形成良好的团队风气，展示良好的企业形象。

不管是企业市场营销活动还是企业文化建设工程，都是企业能量的展示，对外部造成一定的震动和影响。营销活动影响客户和消费者，使他们对企业产品和服务留下印象；企业文化建设，影响企业成员，提振精神，端正形象。这两项工作，都需要求真务实，不能雷声大雨点小，更不能做花架子搞形式主义。

震，就要实实在在动起来。

震卦卦辞：亨。震来虩虩，笑言哑哑。震惊百里，不丧匕鬯。

【释义】发奋而亨通。雷震来时令人惊惧，过后人们依旧欢笑。尽管震惊百里，长子依然气定神闲，手里的祭器并没有在众人惊慌中掉落。

【管理之道】企业存在的意义，就是促变和应变。

自主创新，主动营销，以产品和服务引领消费，这是求变、促变；适应市场，被迫变化，改变营销，这是应变。能促变的企业是卓越的，能应变的企业也是卓越的。变中求生、变中求胜、变中求盛，应该成为企业的优秀基因。

市场风云变幻莫测，企业不可能一成不变。外部世界的变化包含着企业发展突破的机遇。面对巨变，一要保持必要的谨慎，树立迎接挑战、战胜困难而不被困难压倒的自信心；二要主动求变，掌握变化先机，引导市场需求朝着有利于自身的方向发展。这样才能令自己保持欢笑，确保生存空间和核心竞争力"不丧"。

震卦大象辞：洊雷，震。君子以恐惧修身。

【释义】面对剧烈的动荡，常怀敬畏之心，长存忧患意识，以此修身立命，是君子的生活态度和应有之行。

【管理之道】敬畏、惊惧是一种态度。凡事只有心怀敬畏、惊惧，才会重视起来，才会认真对待，才会有责任心和担当精神。

对企业营销心存敬畏，这样才会促使企业去做深入细致的市场调研，才会认真倾听客户的心声，才会不断完善产品和服务；对企业文化建设心存敬畏，才会促使企业所有成员认真思考企业文化的本质，深刻感受企业文化铸魂立德的作用，才会认真对待企业文化的宣传和推广，才会最终形成良好的团队风气，树立起有美誉度的企业形象，才会在营销中发挥其巨大的作用。

震卦初九爻：震来虩虩，后笑言哑哑。吉。

【释义】震动到来之时令人惊惧，这是敬畏；过后欢声笑语，这是吉祥。

【管理之道】人们对足以引发剧烈震动的事情都会产生敬畏和关注。鉴于此，企业营销活动就要声势浩大，使客户和消费者在心理上产生强烈的震动，留下深刻的印象。同样，企业文化建设活动也要有声有色，使员工在内心深处产生激荡回响，在脑海里留下烙印。

只有在轰轰烈烈、持续不断的形式之后，润物无声的宣贯之举才会发挥潜移默化的影响作用。

震卦六二爻：震来厉，亿丧贝，跻于九陵，勿逐，七日得。

【释义】剧烈的震动如洪水泛滥，有可能造成财产损失，自己奔向九陵高地，而不是追逐财物，因为动荡过后财物可以重新获得。

【管理之道】企业秉持以人为本的理念，始终把生命价值置于财产价值之上。安全生产，健康服务，看淡利润损失，看重生命价值。

在营销活动中把客户利益放在第一位,在生产经营中把员工生命放在第一位。只要有人,就可以创造物质财富。舍命逐财,实质是本末倒置。

震卦六三爻:震苏苏,震行无眚。

【释义】震动还在继续,采取必要的行动可以减少损失,不是过错。

【管理之道】市场营销,追求的是静中有动,要善于在恰当的时机给沉寂的市场需求制造一些震动,带来一点刺激,激活需求甚至是创造需求。

企业文化建设,追求的是动中有静,在喧嚣的生产经营中营造安定沉静的氛围,使员工的心灵获得宝贵的安静、安怡。

震卦九四爻:震遂泥。

【释义】因为动荡而使自己身陷其中。

【管理之道】市场营销制造声势,需要付出一定的成本代价;企业文化建设,也需要付出一定的成本代价。如果为了制造声势而不顾一切、不计代价、疯狂"砸钱",这样做的后果就是让自己倒在走向胜利的路途上,死在黎明前的黑暗里。所以,需要时刻保持清醒,知彼知己,然后再采取审慎而有效的行动。

震卦六五爻:震往来厉,亿无丧,有事。

【释义】剧烈的震动此起彼伏,来势汹汹,但不会造成任何损失,祭祀活动继续进行。

【管理之道】在急剧变化的环境里,领导要能够更加有效地发挥主心骨的作用,勇敢地挺身而出,主动担当,团结众人,集思广益,推动工作向前发展。

不管是开展市场营销活动还是推动企业文化建设,都应该成立相应的组织机构,由领导挂帅,根据市场环境变化及时调整活动方式,持续推进相关工作向前发展。

震卦上六爻:震索索,视矍矍,征凶。震不于其躬,于其邻,无咎。婚媾有言。

【释义】震动令人恐惧,景象使人不安,贸然行动的结果一定不好。波及身边的人而没有影响到自身,没有什么损失,但趁机与人合作谋利,难免留下口实。

【管理之道】自己制造了很大的震动,难免会影响到竞争对手的地位和利益,如果对手贸然采取行动,也许会发生更加严重的后果,所以,尽管市场竞争残酷激烈,但毕竟不是你死我活的角斗,没必要置对方于死地,相反,应该借助对方的力量,共同促进变化,把市场蛋糕做大,由竞争升级为竞合,由独赢转变为双赢、多赢。因此,在对手困难之时施以援手,为自己日后寻求外部力量的帮助奠定基础。

以邻为友,以邻为伴,与邻和睦,与邻共进,才是大智慧、大境界。

【震卦智慧检验营销活动和企业文化建设之道】
为什么营销活动和企业文化建设会陷于被动和困难之中?
如何在营销活动和企业文化建设中确保以人为本?
如何在制造声势的过程中确保后续活动的有效性?
如何把企业文化转化为强大的物质力量,以增强抵御风险的能力?
有哪些机制和制度确保领导层掌控"造势"的局面?
如何"化敌为友"找到未来可依靠的盟友?

【仿震卦】
初九:市场营销活动和企业文化建设既然造势,就要声势浩大、震惊四方,这样才会收到令人欣喜的效果。
六二:要舍得给营销活动和企业文化建设提供物质、资金支持,因为一旦成势,必会加倍回报。
六三:趁势而为,不失为上策。
九四:从实际出发,制定切实可行的措施,谨防假大空的做法。
六五:领导要善于掌控局面,力争使营销活动和企业文化建设有序、有度、有效。
上六:始终以彰显自身价值、树立企业形象为目的。声势可以影响对手,化敌为友,与邻结盟。

第五章

恒卦：营销宣传与公众管理

在八卦易象里,营销宣传在震卦,公众管理属于企业外部资源的组成部分,在巽卦,二者结合,震上巽下构成六十四卦中的雷风恒卦。恒,是长久、平常的意思,还指事物的持续稳定性。实现企业可持续稳定发展的常态运行,应该是企业管理基本的目标追求。人有平常心才会无过错,企业经营达到常态才会有稳定发展和不断进步。恒卦阐释如何把面向公众的营销宣传活动常态化。

恒卦卦辞:亨,无咎,利贞,利有攸往。
【释义】亨通而无过错,守正有利前行。
【管理之道】追求常态化发展,行稳致远。实现这一目标,就必须做到:准确判断趋势,严格防范风险,始终坚守正道,持续改善行动。营销宣传工作尤其如此。

恒卦大象辞:雷风,恒。君子以立不易方。
【释义】雷在上,风在下,是恒卦之象。君子安身立命的根本不会轻易改变。
【管理之道】变与不变是一个相对概念。企业营销宣传,根本的原则任何时候都不能丢,同时又必须适应外部环境变化,对营销宣传活动方式不断进行调整。

恒卦初六爻:浚恒,贞凶,无攸利。
【释义】恒久不变,未必正确,有时还会很凶险,不会有好处。
【管理之道】在根本原则坚定不移的前提下,随机应变才能与时俱进,一味固守过去的做法就变得僵化了。

企业营销宣传必须能够根据外部环境的变化,比如客户需求变化、公众注意力变化、大政方针变化等,不断调整营销宣传的重点以及活动方式,并及时吸收贵人、高人、贤人的意见和建议,在与社会公众良性互动的基础上使企业营销宣传活动与时俱进。

永不改变的是服务社会、满足需求的初心,不断改变的是沟通手段、服务方式,不断提升的是价值体验、服务质量。

恒卦九二爻:悔亡。

【释义】懊悔没有了。

【管理之道】在变与不变之间选择往往很困难,唯有中庸处事、不走极端,才不会干傻事、做错事,才不会有令人懊悔的结果。

营销宣传面对社会公众,既要旗帜鲜明地坚持企业价值观不动摇,又要根据社会公众的需求变化,不断调整营销宣传策略以及活动方式,兼顾企业利益与社会利益,在协调平衡中实现双赢。

恒卦九三爻:不恒其德,或承之羞,贞吝。

【释义】不能坚守道德底线,或许要承受羞辱,动机纯正也会有问题。

【管理之道】在利益面前,重要的是见得思义而不能见利忘义。价值观不能动摇,道德底线必须坚守,做人做事不能无根无本、无品无德。

企业营销宣传活动要在不断变化的环境里有所作为、有利可图,一定要以企业价值观为根本引领,可以除旧布新,可以伺机而动,甚至可以投其所好,但不能舍本逐末,更不能本末倒置,不能因为逐利而洞穿企业道德底线。

恒卦九四爻:田无禽。

【释义】外出田猎,但无所擒获。

【管理之道】一些大张旗鼓的行为最终却一无所获,其中的教训值得深思。

营销宣传活动既然以社会公众为对象,就必须有公众意识、对象意识、服务意识,而如果陶醉于自说自话、自弹自唱式的营销宣传,必然是徒劳的,不会有好的结果。所以,营销宣传一定要准确定位、正确行动、精确展现,做到既投其所好又攻心为上。

恒卦六五爻:恒其德,贞,妇人吉,夫子凶。

【释义】恒久地保持道德、坚守正道,对女人是吉祥的,对男子汉则不一定好。

【管理之道】营销宣传以企业价值观为引领,唱响企业精神价值主旋律,通过生动活泼的方式展示企业形象,传递企业声音,影响公众心理,强化公众对企业的认知、认同,这是营销宣传工作的正道,必须始终如一地坚持。

同时,要根据社会发展变化的趋势,对营销宣传工作进行创新改造、升级换代,达到提质增效的目的。在这一具有挑战性的工作面前,领导要勇于担当、敢于决策,既不犯坐失良机、失职渎职的错误,也不犯优柔寡断、缺乏主见的错误。

恒卦上六爻:振恒,凶。

【释义】长时间摇摆不定,这是凶险之象。

【管理之道】面对创新挑战,要敢于作为、有所作为,如果长时间举棋不定、犹豫徘徊,就会被社会发展无情淘汰。

如何在改革创新中迎接挑战、化险为夷?有两点很重要:其一,坚持改革创新,同时坚持传统不丢、精神不垮、灵魂不散、形象不倒;其二,坚持以我为主、有所作为,同时要善于顺势而为、借势而为。

【恒卦智慧检验常态化管理营销宣传的公众服务】
如何在坚持优良传统的前提下,变革创新营销宣传活动、强化公众意识?
如何使营销宣传在服务公众过程中避免走极端?
如何确保企业价值观对营销宣传工作的精神引领?
如何有效强化营销宣传的公众服务意识?
如何在营销宣传工作常态化的条件下实现创新发展?
如何实现营销宣传创新及时、决策及时、行动及时的快速高效运转?

【仿恒卦】
初六:以公众为根本,推动营销宣传工作创新求变。

九二:以双赢为原则,实现企业利益与公众利益的有机统一。
九三:以企业价值观为基础,拒绝损害公众利益的活动和行为。
九四:以服务公众为导向,在良性互动中实现双赢。
六五:以创新为动力,实现营销宣传提质增效。
上六:以机制建设为保障,鼓励创新,快速决策,立即行动。

第六章

解卦：营销宣传与发动群众

营销宣传工作尽管有相应的部门和人员负责管理和组织实施，但不能只是某个部门或某些人的事情，而应该成为企业全体成员的共同职责，这样就可以汇聚巨大的群众力量，不断壮大营销宣传声势，克服营销宣传工作中的困难。

在八卦易象中，营销宣传在震，群众队伍在坎，二者结合，震上坎下，就是六十四卦中的雷水解卦。

解卦之"解"，有解除、缓解、解脱之意；解卦象征雷动雨落，万物新生。在六十四卦易理管理体系里，指代借助群众之力、之智，促进营销宣传工作向前发展，发挥群众力量克服营销宣传工作中遇到的困难。

解卦卦辞：利西南，无所往，其来复吉。有攸往，夙吉。

【释义】无路可走的时候面向众人寻求力量，这是吉利的；找到正确的路径，早行动早得利。

【管理之道】营销宣传工作也会像其他工作一样在实施过程中遇到困难，这种情况下最重要的是找到解决问题的路径，找到克服困难的力量。

如果只是从专业或技术的角度来看待营销宣传工作，往往就会忽视群众的力量和智慧；如果把营销宣传工作上升到"全员营销"，那么，不管遇到怎样的困难，都会第一时间想到发动群众、依靠群众，群策群力、共克时艰。

这是一种正确的思路，也是一种科学的方法，更是解决问题的有效手段。

解卦大象辞：雷雨作，解。君子以赦过宥罪。

【释义】上雷下雨，是解卦之象。领导要有赦免过错、宽恕罪过的意识。

【管理之道】营销宣传工作遇到困难，既可能是受客观因素的影响，也有可能是主观因素造成的。这种情况往往是对领导管理智慧的考验。

如何看待工作中的失误,如何对待犯错误的人,如何解决工作中的问题,如何深刻总结教训,如何使同样的问题不再发生,如何处理有关责任人,构成一个完整的纠错体系。毫无疑问,这一体系应该建立在"容错"的基础上。要有这样的企业文化理念,既鼓励大家创造性地工作,又包容大家工作中的失误;既允许失误,又给予改正的机会;只要不是有意犯错误,就应该让他们继续努力;简单粗暴的"停职反省"的做法无助于解决问题。

解卦初六爻:无咎。

【释义】没有过错。

【管理之道】任何工作中的失误,都不应简单化地看成是过错。

企业营销宣传工作具有不确定性、多变性,需要随时调整方案,在这一过程中难免发生失误。对这种失误一定要进行深刻剖析,分清主客观因素,区分有意无意,厘定责任。如果简单地以错误而论,无助于从根本上解决问题,反而会严重挫伤大家干事创业的精气神。

解卦九二爻:田获三狐,得黄矢,贞吉。

【释义】田猎时捕获狐狸,需要借助锐直的箭镞;守正得吉。

【管理之道】面对营销宣传工作的不确定性、多变性,从一开始就必须全面谋划、科学论证、多方协调,做到手段工具充分、方式方法灵活、时机地点准确、目标对象清晰,原则路径正确。

所谓谋定后动,重在思路清晰、准备充分,具体而言无非是:目标清晰、路径正确、力量充分、手段齐备。

解卦六三爻:负且乘,致寇至,贞吝。

【释义】背负行囊却又站在车上,招致盗寇,真的很不好。

【管理之道】营销宣传工作一定要从实际出发,量力而行、尽力而为、科学规划、全员参与;既要广泛听取大家的建议,又不能偏废专家领导的集中意见。不能因为全员参与,就弱化、虚化领导的管理职责,全员参与也不是让每一个人都承担同样的重任,不能不恰当地给予基层太多的自主权。否则,就会出现各自为政、随意而为的混乱局面,导致营销宣传活动问题多多、错误连连。

解卦九四爻:解而拇,朋至斯孚。

【释义】解除与小人的联系,赢得志同道合之人的信任与支持。

【管理之道】全员参与营销宣传活动,一定要加强群众队伍管理,真正做到"一件事、一群人、一条心、一样拼、一定赢"。

加强团队管理,消除一盘散沙现象,树立"一盘棋"思想,强化集体意识、服从意识、大局意识;严加防范觉悟不高、动机不纯的人在营销宣传活动中假公济私、损公肥私,更要杜绝不良之人以营销宣传之名行违法乱纪之实;积极发挥素质过硬、道德高尚、责任心强的人在群众中的影响力。通过这一系列的组织管理工作,打造一支有凝聚力、有执行力的所向披靡的团队。

解卦六五爻:君子维有解,吉,有孚于小人。

【释义】君子终于脱困解危,大吉大利,向群众兑现诺言。

【管理之道】摆脱困境、渡过难关,大吉大利,可喜可贺,这时领导应很好地总结经验教训,立足于"是什么",深究其"为什么",然后才能有针对性地谋划"应如何"。

借助众人之力、之志、之智破解营销宣传困局之后,就应当感恩群众、取信于民,兑现当初的诺言,千万不能忘记或漠视来自群众的力量和智慧所发挥的积极而巨大的作用,不能好了伤疤忘了痛,更不能忽悠大家,过河拆桥,而要以诚信之情、感恩之心对待大家。

解卦上六爻:公用射隼于高墉之上,获之,无不利。

【释义】公侯在高墙之上箭射鹰隼,捕获并为己所用,这样的结果很有利。

【管理之道】吃一堑长一智,经一事进一步。全员参与的营销宣传活动取得成功,其意义不仅在于企业事业的发展,还在于群众队伍得到了锻炼和提升;不仅收获了物质利益,还得到了精神洗礼,尤其是让那些觉悟不高、精神不振、动机不纯的人受到深刻教育,脱胎换骨,成为队伍中新的可依靠的力量。

【解卦智慧检验如何借众人之力克服营销宣传工作中的困难】

如何既能界定营销宣传工作中的失误过错,又保护大家的工作积极性?

如何实现全员营销宣传活动"目标明确、路径正确、力量充分"？
如何有效防止全员营销宣传中出现各自为政的情况？
如何有效防止全员营销宣传中出现假公济私的现象？
如何保障全员营销宣传活动中合理的利益分配？
如何通过全员营销宣传提升团队凝聚力、执行力？

【仿解卦】
初六：建立健全全员营销宣传容错纠错机制。
九二：建立健全企业目标统领全员营销宣传活动的目标牵引机制。
六三：建立健全全员营销宣传活动中贯彻民主集中制原则的工作机制。
九四：建立健全全员营销宣传活动中的优胜劣汰竞争机制。
六五：建立健全承诺兑现监督机制和群众利益保障机制。
上六：建立健全全员营销宣传活动打造优质高效团队的价值放大机制。

第七章

小过卦：营销宣传与规章制度

规则制度是企业管理中的刚性要件，而营销宣传却注重个性化的艺术展现，只有二者超越平庸、完美结合，才会有行动中的顺畅推进、收放自如。

八卦易象中，营销宣传在震，规则制度在艮，二者结合，震上艮下，就是六十四卦中的雷山小过卦。

小过卦之"小过"，是稍微过度的意思，这一观点与"矫枉必须过正"是一个道理。在不违反基本原则的前提下，一些超越现行制度规定的创新做法就是小过卦所讲的现象。六十四卦易理管理体系中，小过卦揭示依靠制度规章保驾护航，实现营销宣传创新发展。

小过卦卦辞：亨，利贞，可小事不可大事。飞鸟遗之音，不宜上宜下，大吉。

【释义】有亨通之象，要坚持正确的道路前行，解决小事情而不能处理重大问题。小鸟鸣叫着振翅而飞，但不宜高飞，而是要向下寻求栖息之所，这样才会有好的结果。

【管理之道】采取一些超越现行制度规定的做法，作为一种创新实验，可以先在小范围内试行，不适合一下子大面积展开，那样做很容易导致不守章法、行为混乱，所以，一定要有严格的前提限定，那就是目标方向的正确。

创新不是没规矩地任意胡为，制度化也不是拘泥、机械地循规蹈矩，而是要追求在大原则正确的前提下发挥自主意识，创造性地开展工作。对待营销宣传的创新尝试，制度规定允许在小事情上给予一定的灵活性，但在大是大非面前绝对不能有自由空间；在采取一些过激行动之后要立即回归常态，不能总是用超越制度规定的非正常手段解决常态化问题。

小过卦大象辞：山上有雷，小过。君子以行过乎恭，丧过乎哀，用过乎俭。

【释义】山上有雷,这是小过卦之象。君子领悟到行为举止应该谦恭一些,临丧应该多一些哀伤之情,用度应该节俭一些。

【管理之道】创新尝试,常常表现为对现行规章制度的挑战甚至是突破,有成功也有失败。面对这一规律性的表现,在管理实践中应当倡导行动中多一些认真,交往中多一些情感,花销中多一些成本意识,这是大原则与自主性的完美结合。

对营销宣传创新活动的态度和约束,在很大程度上决定着创新实践能走多远。应该有一种机制设置,能做到多一些认真听取,多一些全面考虑,多一些科学规划,多一些精打细算,这无疑将极大提升营销宣传创新的成功率。

小过卦初六爻:飞鸟以凶。

【释义】鸟儿振翅飞,结果有凶险。

【管理之道】包括营销宣传活动在内的所有创新之举,都应当是在常规做法熟能生巧的基础上的变革尝试,而不应该是心血来潮式的异想天开。所以,应首先立足于做好常态化的工作,那种一出手就想惊天动地、一飞冲天的想法和做法,注定是不会成功的。

营销宣传活动要有抢占先机的预见,但行动一定要把握恰当时机,急于作为、急于成功、急功近利很可能招致灭顶之灾。

小过卦六二爻:过其祖,遇其妣;不及其君,遇其臣,无咎。

【释义】在家里可以越过祖父去见祖母;治国理政就只能先臣后君逐级禀报,这样的做法不会有过错。

【管理之道】小过卦再三强调一个重要的管理理念:小事可以自由发挥,大事一定要坚持原则。所以爻辞说:在家里自由度可以大一些,晚辈可以越过祖父直接面见祖母,但是治国理政这么重大的事情,还是要讲程序化运作,一般不允许越级面君,更不允许越过国君而与大臣决定方略。

用制度规则保护创新行为,应当像保护奉献行为一样受到应有的重视。默默工作不断创造价值是奉献,出于责任心积极建言献策也是奉献,敢于打破常规寻求新的发展路径也是奉献。

小过卦九三爻:弗过防之,从或戕之,凶。

【释义】不对过激行为加以防范,一味放纵,有可能带来伤害,结果凶险。

【管理之道】鼓励创新、保护创新,不意味着可以抛开规则制度随意而为。

科学有效的管理制度系统,本身就具备明辨是非、扬善除恶、扶正祛邪、趋利避害、令行禁止的基本作用。发挥好制度规则的作用,有利于营销宣传创新活动始终方向正确、目标明确、措施准确、推进精确。

小过卦九四爻:无咎;弗过遇之,往厉必戒,勿用,永贞。

【释义】不会有过错,因为没有过分之举,而且对极端行为有所防范,始终坚守正道。

【管理之道】如何保证营销宣传活动创新之举不出现偏差、过错,这是制度化管理中要认真对待的重大问题。

落实到制度建设及管理实践中,首先是鼓励创新,思想可以自由驰骋,但行为不能天马行空;其次是要有预警机制,能有效防范行为失控;再次是建立目标导向机制,保障不出偏差。

小过卦六五爻:密云不雨,自我西郊;公弋取彼在穴。

【释义】阴云从西边过来,虽然密布天空,但没有下雨;公侯箭射飞鸟,却只能在洞穴中获得猎物。

【管理之道】很多时候,由于心有余而力不足,导致很多很好的创意搁浅、行动延迟甚至活动取消。有效的解决之道就是向下寻求得力支持。

向下寻求支持力量为什么可行？因为群众是真正的英雄,在群众中往往隐藏着巨大的力量。只有知己之所长,又知己之所短,知力智之所在,更知力智之所取,才能凝聚起巨大的力量。"发动群众、团结群众、战胜困难、夺取胜利"这一模式的基本道理就在于此。

小过卦上六爻:弗遇过之,飞鸟离之,凶,是谓灾眚。

【释义】没有对过分之举进行预防,行为失控,这是凶险的,会带来灾难。

【管理之道】越是鼓励创新,越要发挥制度管理的作用,使其谨慎而行。

在营销宣传方面,那种异想天开、好高骛远、心无敬畏、目无法度的做法,不管说得多么动听,都需要严加防范,一旦失控,必然带来严重后果。

【小过卦智慧检验营销宣传创新不能没有规则制度的约束】
用什么机制体制考量营销宣传创意产生的坚实基础？
程序化管理与特事特办如何进行有效区分？
如何用规则制度为营销宣传创新保驾护航？
如何让规则制度既是"刹车盘"又是"方向盘"？
如何让发动群众、团结群众、凝心聚力制度化？
如何在创新面前明确不能逾越的"红线""底线"？

【仿小过卦】
初六：实事求是，以问题导向引领营销宣传创新。
六二：尊重制度，把特事特办纳入制度化管理之中。
九三：执行流程，让营销宣传创新在制度框架内运行。
九四：目标引领，鼓励营销宣传创新与监督营销宣传活动并重。
六五：保障有力，给营销宣传创新活动以强有力的资源支持。
上六：贯彻始终，严防营销宣传创新中的极端行为。

第八章

豫卦：营销宣传与高管团队

营销宣传在八卦易象里属震，高管团队属坤，震上坤下，就是六十四卦之雷地豫卦。豫卦之"豫"，是安乐、安逸、欢喜、和悦的意思，同时也有预防之意。令一个人真正和悦快乐的，可以有多种多样的内容，而在一个企业中，能带给人们最大快乐的也许莫过于事业有成、基业长青。

企业发展离不开强有力的营销宣传，因此，高管团队应该把营销宣传放在十分重要的位置上，给予高度重视，不断做出积极决策，不断付诸行动来强力推进，不断创造有利条件助力营销宣传工作。另一方面，营销宣传工作也应该不断以良好的业绩回馈企业，回馈所有给予其大力支持的部门。

豫卦卦辞：豫，利建侯行师。

【释义】在和悦安逸的环境里，有利于推进组织建设，有利于采取对外行动。

【管理之道】当企业内部洋溢着欢乐喜悦的气氛，这是高管团队开展工作的有利时机。比如：推进企业文化建设，增强团队凝聚力，加强组织建设，强化团队执行力，尤其是要抓住大好时机积极推进营销宣传活动，把企业健康快乐、向善向上的形象推向社会。

豫卦大象辞：雷出地奋，豫。先王以作乐崇德，殷荐之上帝，以配祖考。

【释义】雷鸣地动，这是豫卦之象。先王由此领悟，创制音乐，歌功颂德，祭祀先祖。

【管理之道】欢乐的气氛如同春风拂面，对高管团队而言，在团队中营造良好氛围非常重要，因为在团队成员都情绪和悦的情况下，大家更容易有心理上的认同感，更容易相互沟通、彼此接纳，更容易实现心往一处想、劲往一处使;也有助于通过企业文化建设、礼仪文明规范等方式进一步塑造团队精神,提升道德水平,强化职业素养,把大家团结起来,去创造更加优异的业绩,去争取更大的胜利。

豫卦初六爻:鸣豫,凶。

【释义】总是对自己的快乐自鸣得意,这是很危险的做法。

【管理之道】在快乐的情绪环境里可以大有作为。和悦的氛围具有感染力,可以彼此交流分享,所以在团队内部要鼓励彼此欣赏、互相分享,把独乐乐扩大到众乐乐,但是要谨防自鸣得意地显摆。

比如说在企业营销宣传活动中,可以充分展示企业的成就、业绩、荣誉、精神,使企业形象更加富有内涵,多彩而饱满。但是这一正面的宣传展示不能演变为自吹自擂,不能演变为企业的自我陶醉。

豫卦六二爻:介于石,不终日,贞吉。

【释义】坚定如石,朝夕不渝,坚守正道,终得吉利。

【管理之道】充分利用和悦氛围,不断强化进取精神,不断树立目标意识,推动企业不断前进。

在快乐中保持一份清醒,在分享中保持戒骄戒躁,把已有的和悦转化为继续奋进的动力,始终不渝地沿着既定的正确道路做好各方面的工作,这才是值得肯定的管理之道。保持清醒,理智行动,明辨慎思,主动调整,这是保证营销宣传活动不断取得成功的基本原则。

豫卦六三爻:盱豫悔,迟有悔。

【释义】以媚上谄佞所得到的快乐隐藏着令自己后悔的结果,迟迟不改又会带来更多的懊悔。

【管理之道】享受快乐,不可自鸣得意,更不可目中无人;可以意纵天高,但要脚踏实地;可以向上努力,谋求发展,但不可谄媚溜须。

企业营销宣传活动一定要秉持"以人为本、公众至上、利益导向、追求双赢"的原则,切忌目标不清、定位不准、心高气傲、脱离公众。

豫卦九四爻:由豫,大有得;勿疑,朋盍簪。

【释义】从根本处着手,会有大收获;无须疑惑,团结同类。

【管理之道】高管团队在组织实施营销宣传工作中,要善于从根本上入手,予以引导。抓什么呢？一是抓住营销本质做足文章,二是抓源头做好科学规划,三是抓精神为营销活动立德塑魂,四是抓团队做好队伍建设。

豫卦六五爻:贞疾,恒不死。

【释义】正位而无为,有严重问题。用贤而得助,化险为夷。

【管理之道】企业营销宣传活动不是可有可无的事情,一旦展开,就不能中断,不能停滞,不能半途而废。

有其名而无其实,有其实而无其职,有其职而无其行,有其行而无其果,是一些企业在营销宣传工作中常有的现象,这是有严重问题的。怎么改？一是落实组织机构、人员配备、要素支持,做到组织到位、人员到位、要素到位；二是落实工作职责、工作目标、工作计划,做到职责明确、目标清晰、计划翔实；三是落实行动方案、活动方式、活动期限,做到方案可靠、方式可控、时间可行。

豫卦上六爻:冥豫,成有渝,无咎。

【释义】昏暗不清,盲目乐观,需要尽快加以改变,才不会造成过错。

【管理之道】正确对待成绩、成功,享受成功带来的快乐而不沉溺于快乐,更不盲目乐观。

时刻保持清醒,才能应对可能出现的危机。营销宣传活动也需要根据外部环境的变化及时调整行动方案,做到随新所动、与时俱进。

【豫卦智慧检验彼此分享与相互支持之道】

是否构建了经验交流、成果分享、彼此学习的内部营销传导机制？
是否构建了连续营销、持续改善、不断调整的营销工作推动机制？
是否构建了求实创新、面向公众、追求双赢的营销宣传监督机制？
是否构建了本质引领、源头入手、团队协作的营销宣传规划机制？
是否构建了职责明确、组织严谨、行动有序的营销责任管理机制？
是否构建了科学总结、以变应变、与时俱进的营销宣传指导机制？

【仿豫卦】

初六:鼓励分享,从内部营销做起。

六二:戒骄戒躁,以成功为新的起点。

六三:立意高远,从脚踏实地做起。

九四:追根溯源,以团队凝聚为动力。

六五:锲而不舍,以创新带动持续作为。

上六:警钟长鸣,以忧患意识促进营销宣传以变应变。

第五篇
外部资源管理系列问题

六十四卦易理管理应用体系中所谓的外部资源,特指企业在生产经营、市场营销时所面临的外部影响因素,包括企业用户、合作者、供应商、竞争者、公众、社会媒体、政府、智库、专家学者以及企业外聘顾问、咨询委员会等,这些因素都会对企业生产经营发挥巨大的影响作用,也是企业可以利用的重要外部资源,所以归为资源行列。

外部资源管理系列,也可以简称为公众管理或公关管理,是指以巽卦为上卦,并按先天卦序排列下卦所形成的八个成卦,分别是小畜卦、中孚卦、家人卦、益卦、巽卦、涣卦、渐卦和观卦,这八个卦阐释公众管理与领导决策,外部资源管理与资金支持之道,外脑智力与生产技术管理之道,外部资源与企业营销及企业文化建设,公共关系管理之道,外部资源与企业人力资源管理之道,外部资源管理机制建设,以及外部资源管理与高管团队。

第一章

小畜卦：公众管理与领导班子

在八卦易象中，客户、公众等在巽卦，领导者在乾卦，二者结合，巽上乾下，就是六十四卦中的风天小畜卦，揭示外部资源对领导的贵人之助。

小畜卦上卦巽为风，下卦乾为天，和风满天，是风调雨顺之象，良好的局面由此开始，财富和利益慢慢积蓄。当贵人、高人、大人、贤人群贤备至并为我所用之时，正是取得发展和成就的大好时机。小畜卦阐释领导与外部人际合作、取得贵人相助之道。

小畜卦卦辞：亨，密云不雨，自我西郊。

【释义】亨通之象，密云正在西边天际积聚，大雨就要到来。

【管理之道】社会环境中的人际因素正在有序积聚而来，必将为组织的良好发展带来巨大帮助。但是目前尚不具备强大的影响力，仍然需要依靠组织自身把握发展方向，克服前进途中遇到的障碍。

小畜卦大象辞：风行天上，小蓄。君子以懿文德。

【释义】风行天上，小畜卦之象。领导由此领悟到要不断完善自己的品德修养，提高能力水平。

【管理之道】不管有无来自外在力量的帮助，也不管外在帮助力量的大小，作为企业领导者，都应当时刻不断地加强自身道德修养，不断提高领导和管理的能力水平。

只有不断完善自我，才能不断取得贵人的欣赏和帮助，所谓"自助者天助"就是这个道理。

小畜卦初九爻：复自道，何其咎？吉。

【释义】复归自身原本的生存和发展之道,有什么过错呢?结果是吉利的。

【管理之道】凡事发展变化,外因是条件,而内因是根本。所以,领导者一定要清醒地意识到社会软环境中的人际因素的影响,只是一个可以有限利用的外在条件,而不是决定自身发展的根本要素。

坚持以我为本,立足自主,确立正确的标准和方法,自主有效解决问题,在这个基础上积极寻求外在力量的帮助,这才是自我和外在人际力量的正确关系和准确定位。

小畜卦九二爻:牵复,吉。

【释义】牵连并进,吉利。

【管理之道】在以我为本、立足自主、寻求发展的过程中,要善于汇聚众人力量和智慧,充分挖掘组织内部成员的积极性、主动性、创造性,通过团队的力量开创事业发展的新局面,抛弃独行侠走江湖的做法。

小畜卦九三爻:舆说辐,夫妻反目。

【释义】车輹从车身上脱离,就好像夫妻反目。

【管理之道】在前进的征途上,总会遇到各种各样的困难和险阻,一些立场不坚定的、带有投机心理的人会在这种情况下显现出摇摆不定的本性,甚至借机与组织脱离关系,就好比车輹从车子上脱离一样。面对随时可能发生的人员离队问题,领导层应保持清醒的认识,并有相应的应对举措。

清理投机分子,使团队组织保持纯洁,是确保团队凝聚力、战斗力的重要保障。

小畜卦六四爻:有孚,血去惕出,无咎。

【释义】有诚信,受到信任,就无须忧虑也不必惊恐,不会有灾咎。

【管理之道】无信不立。诚信不仅仅是个人应有的品德,也应该成为组织的品格。坚守诚信,才会赢得人缘与人援;树立良好的社会形象,提升组织的社会美誉度,是获得社会软环境人际力量的基础和前提。

与其挖空心思找关系、寻贵人,不如脚踏实地树形象。

小畜卦九五爻：有孚挛如，富以其邻。

【释义】彼此信任，紧密联结，影响周围。

【管理之道】在领导层的努力之下，树立起诚信的社会形象，赢得广泛的社会信任，自然而然就会得到来自各种力量的支持和帮助。

诚信成为走向成功的第二张名片和通行证。

小畜卦上九爻：既雨既处，尚德载，妇贞厉。月几望，君子征凶。

【释义】雨过天晴，车子可以满载而行，但只知积蓄而不愿共享是危险的；月圆之后又是月缺，过分的行动一定有凶险。

【管理之道】在组织全体成员的共同努力之下，在社会各方面的有力支持之下，终于取得了巨大的成就，就如同满载而归。此时要深刻分析、认真总结成功的原因，尤其要看到内部众人的力量和外在人际因素的影响和作用，明白了这个道理，就要拿出实际行动与众人分享成功果实，谨防财聚人散。

【小畜卦智慧检验领导与外部人际合作之道】

是否始终有贵人相助，能得贵人指点？

圈子之力、之智能否成势，自己因之能否成事？

在自己的人际圈子里是否有投机分子、动机不纯之人？

自己能否得到圈子成员的充分信任？

你是一个对圈子成员有价值、有帮助的人吗？

你能否做到适可而止，是否愿与大家共享成功之果？

【仿小畜卦】

初九：以我为本，立足自主，积极寻求外部人际力量。

九二：善于汇聚众人智慧力量，合力共进。

九三：及时清理，不断纯洁组织，提升团队凝聚力。

六四：塑造诚信形象，赢得人缘、人援。

九五：领导层要成为打造诚信品牌的中心和主要推动力。

上九：通过分享赢得尊重，谨防财聚人散。

第二章

中孚卦：公众管理与资金支持

公众管理和资金管理是企业管理中十分重要的内容,因为公众资源和资金资源是企业经营的两个重要资本,前者构成企业的贵人资本,后者构成企业的财力资本。企业在发展过程中,得遇高人指点、贵人相帮,同时又有雄厚资金做后盾,这是一种令人振奋的绝佳状态。

八卦易象中,公众属巽,资金属兑,二者结合,上巽下兑,就是六十四卦中的风泽中孚卦。中孚之"孚",在易理中作"诚信"讲,中孚卦上顺下悦的卦象,正是企业经营中"贵人相助、资金雄厚"这一状态的基本反映。同样,资金也罢,人力资本也罢,都必须建立在信实的基础之上,来不得半点弄虚作假,这是"中孚卦"的基本要求。

中孚卦卦辞：豚鱼,吉。利涉大川,利贞。

【释义】即使用小猪和鱼来祭祀,也是好的。把握时机,采取行动,坚守正道,可以化险为夷。

【管理之道】知遇之恩,知恩图报。企业在得到高人指点、贵人相帮之后,一定要表达自己的谢意。也许贵人、高人不一定要求回报,但企业领导一定要有所答谢,不在于价值几何,关键在于表达心意。而且这种得利之后的主动答谢,也是为下次再借智借力奠定情感基础。

中孚卦大象辞：泽上有风,中孚。君子以议狱缓死。

【释义】微风吹过水面,泽水欣悦接受,这是诚信之象。君子由此领悟到要谨慎对待交流中出现的不愉快。

【管理之道】要得到高人指点、贵人相帮,先要表现出自己的诚意和谦卑,不能太过于急功近利。经营人脉圈子来不得风风火火,而应如微风吹过,泽水徐徐接受。不慎之举、草率之行都有可能适得其反。如果因为沟通不到位而发生误解、误会,一定要谨慎对待,坦诚以待,消弭误会,万不可意气用事、草率决策。

中孚卦初九爻:虞吉,有它不燕。

【释义】诚信实意,终究可获吉利;夹杂私欲,必将心有不安。

【管理之道】经营人脉圈子不仅仅是财力大小的问题,关键是以诚信为本。坦荡以待,坦诚交流,诚信相敬,实意相邀,不私相授受,不损公肥私,同时谨防不测因素造成负面影响。

中孚卦九二爻:鸣鹤在阴,其子和之。我有好爵,吾与尔靡之。

【释义】鹤在山阴鸣,同类相应和。我若得富贵,与君共分享。

【管理之道】诚信不仅仅是一种品格,更是一种饱含正能量的能力,那就是沟通与分享:懂得积极沟通,做到与人分享。沟通,可以是主动发声表达自己的诉求,也可以是积极响应、回应对方;分享,不仅仅是利益的让渡,更是思想观念的彼此认同和精神境界的交融。只有与贵人、高人情感融合,才会有利益的共融共享。

中孚卦六三爻:得敌,或鼓或罢,或泣或歌。

【释义】前行遇到巨大阻力,击鼓前行却力量不足,就此罢休又心有不甘,时而叹息悲泣,时而仰天放歌,不知该怎样应对。

【管理之道】企业发展过程中遇到困难障碍,积极向外寻求高人指点、贵人相助,是一个不错的选择。借外脑,不等于自己没主见,不应该乱了方寸,高人指点、贵人相助永远不能代替自主决策。所以,要善于在战胜困难中历练素质,在应对危机风险中保持自信,在众说纷纭中保持清醒,在莫衷一是中拒绝盲从。

中孚卦六四爻:月几望,马匹亡,无咎。

【释义】即将满月,马匹选择向上发展,这不是灾咎,没什么可担心的。

【管理之道】如何谋求财力资本和人力资本的聚集,是又一个需要认真对待的重大问题。取之有道,是应该坚守的基本原则。所以资本经营,要合理取舍,做到断然拒绝非正当得利,始终坚守正道,这样才不会出现不良结局。

中孚卦九五爻:有孚挛如,无咎。
【释义】用诚信美德发展广泛的同盟联系,不会有错。
【管理之道】以德聚才,以信聚财。立足于道德高地,开辟聚合财力资本和人力资本的大好局面。信实为本,与合作伙伴精诚团结、相互支持、共同发展,即使遇到风险危机,也能依靠大家的力量化险为夷,渡过难关。

中孚卦上九爻:翰音登于天,贞凶。
【释义】锦鸡鸣唱,声震高天,没有行动,凶险。
【管理之道】可以有远大的目标追求,也可以进行高调宣传,但是,这一切最终都要落实在行动上。思想可以在云端高唱,行动一定要在路上跋涉,否则就变成了好高骛远、脱离实际,这是很危险的。资本在运动中增值,人才在使用中创造,贵人的思想也要融入团队,变成大家的意志,以此统领团队行动,向着既定的目标稳步迈进。

【中孚卦智慧检验企业人财两旺之道】
发展人脉和融资,要全面考虑,谨防意外;
发展人脉和融资,要积极沟通,懂得分享;
发展人脉和融资,要保持自信,拒绝盲从;
发展人脉和融资,要合理取舍,科学谋划;
发展人脉和融资,要精诚合作,共渡难关;
发展人脉和融资,要团队至上,以行动为导向。

【仿中孚卦】
初九:诚待人才,信赢资财。
九二:积极沟通,分享共赢。
六三:自信自省,拒绝徘徊。
六四:合理取舍,坚守正道。
九五:以德聚才,以信盈财。
上九:高调宣传,扎实行动。

第三章

家人卦：公众管理与生产技术

把公众因素与生产技术联系在一起，很容易使人联想到"高参""顾问""专家""外脑"等，这正是我们在公众管理与生产技术这一关系中要重点讨论的问题，即如何借助高人、贵人、贤人的智慧实现生产技术的升级换代。

公众在巽卦，生产技术在离卦，二者结合，巽上离下，即是六十四卦中的风火家人卦。对高人就应当高看一眼，给予高规格的礼遇，这是敬，更是尊，最好的关系是大家融为一家人，这样，一家人不说两家话，让他们在组织里找到家的感觉，才能更好地指导企业生产发展、技术进步。

家人卦卦辞：家人，利女贞。

【释义】家人在一起，都应当坚守正道。

【管理之道】为了生产发展，请高人，借外脑，亲如一家，那么，高人就当尽心竭力出高招、出实招，更应当指正道，切忌出损招、走歪路。

家人卦大象辞：风自火出，家人。君子以言有物而行有恒。

【释义】离下巽上，上风下火，这是家人卦之象。君子由此领悟说话言之有物、行动持之以恒的道理。

【管理之道】在任何时候，技术的创新研发和突破从来都不会是轻而易举的，也不会是一帆风顺的，即便有高人外脑的智力支持，也会在交流中发生矛盾和冲突。因此，坚持相互之间不说大话空话、假话套话，力求言之有物、言之有据、言之在理，行动则不虎头蛇尾、有始无终，力求举动得当、持之以恒、办事认真。这应当成为基本的原则。

家人卦初九爻：闲有家，悔亡。

【释义】做好防范工作,家里就不会有令人懊悔的事情发生。

【管理之道】产品由人品决定,也由技术决定。技术管理讲究的是细节决定成败,因此首先要抓好风气建设,牢固树立防患于未然的意识,建立细节管控、过程管理的机制。技术研发也要未雨绸缪,在日常工作中有意识地、积极主动地结交贵人,向高人请教,这要形成风气,更要用制度确定下来,万不可遇事抓瞎、临时抱佛脚。

家人卦六二爻:无攸遂,在中馈,贞吉。

【释义】没有自以为是的专断之举,一心做好自己的分内之事。因为守正,所以吉利。

【管理之道】技术是为生产服务的,生产也必须在严格的工艺标准、操作规范下根据流程设计运行,这就是各司其职;生产部门要有推动发展进步的主观能动性,但要防止自以为是、自作主张的"小改小革",如果有新发现、新思路、新建议、新创意,也必须通过正常途径准确表达、有效沟通。

家人卦九三爻:家人嗃嗃,悔厉,吉。妇子嘻嘻,终吝。

【释义】治家过于严厉,令家人心生懊恼,但结果是好的。如果总是嘻嘻哈哈,一家人没大没小,最终会招致尴尬和不愉快。

【管理之道】生产管理讲求科学性,技术创新既要讲科学性,也要讲艺术性。为了技术创新和突破,请高人、借外脑,就必须把严格管理与欢乐的氛围结合起来,既不因严格而冷酷无情,也不因欢快而乱了规矩。在愉悦的氛围里做严肃的事情,而不是相反,在严肃的氛围里做愉悦的事情。

家人卦六四爻:富家,大吉。

【释义】家庭幸福,大吉大利。

【管理之道】有幸做高参、被礼遇,就应当认清自己的角色,摆正自身的位置,明确自己的职责,兢兢业业、恪尽职守、积极作为、完成使命。出谋划策、排忧解难,就应当知无不言、言无不尽。

家人卦九五爻:王假有家,勿恤,吉。

【释义】君王感化家人,没有忧虑,结果吉祥。

【管理之道】高参,要有高大上的境界、格局、能力、水平;专家,就应当表现出令人敬仰的专业化、职业化素质;顾问,理所应当要传递敬业、乐业的精神情怀。"王假有家"就是强调人格魅力对一个组织的重要作用和积极影响。

家人卦上九爻:有孚威如,终吉。
【释义】有诚信且威严,如此,才会有终极久远的吉祥。
【管理之道】智力服务是一种诚信交易,有别于一手交钱一手交货,如果有一方缺乏诚信或者彼此不能坦荡以待,智力服务就会名存实亡,所以首先要奠定诚信的坚实基础;同时,要讲规则,讲程序,用制度化的约束机制明确双方的权责利。这样,就可以及时有效地将智力服务成果通过合法程序转化为生产成果,使生产技术行为在程序机制的规范约束下顺畅运行。

【家人卦智慧检验如何借助外智外脑促进生产技术进步】
在做好风险管控机制的基础上,积极与外智建立密切联系;
发挥好生产部门的主观能动性,群策群力而不是各自为政;
营造"团结、紧张、严肃、活泼"的氛围;
高参顾问要摆正自身位置,明确职责作为;
提供职业化、专业化服务,彰显敬业乐业精神;
让智力服务成果在制度化、程序化机制中发挥常态化作用。

【仿家人卦】
初九:向高人学习、找贵人帮忙应当成为一种风气。
六二:生产和技术部门要发挥主观能动性。
九三:把严格的制度和愉悦的氛围结合起来。
六四:明确职责,积极担当。
九五:既要追求专业上的精益求精,又要追求敬业精神的高大上。
上九:讲诚信,尊权威,同心协力谋发展。

第四章

益卦：公众管理与营销宣传

营销宣传活动的本质是向社会公众传递信息，以期获得社会公众的关注。增强营销宣传效果，除了精心设计、科学组织、有序推进，还应该有意识地使更多社会公众参与其中，形成连续向外扩散的放大效应。尤其要注意发挥企业外脑的作用，积极听取高人、贵人、贤人的意见和建议。让社会公众参与到企业营销宣传活动中来，就是把公众对象由信息的被动接受者转变为信息的传播者，这对双方都是有益的事情，是真正意义上的双赢、多赢。

八卦易象中，公众在巽卦，营销在震卦，二者结合，巽上震下，即是六十四卦中的风雷益卦，益卦阐释如何使营销宣传得到公众的支持。

益卦卦辞：益，利有攸往，利涉大川。

【释义】向着既定目标前进，可以采取大的行动。

【管理之道】在能够实现双赢的情况下，积极地开展营销宣传活动，在不偏离、不违背企业既定目标的前提下，可以创造性地探索，采取一些新的方式方法，把更多的社会公众吸引到营销宣传的影响范围之内。

声势大、范围广、受众多，营销宣传的传播效果就好。

益卦大象辞：风雷，益。君子以见善则迁，有过则改。

【释义】风在上雷在下，这是益卦之象。君子由此领悟，发现优秀的要接近靠拢，有过错就要立即改正。

【管理之道】营销宣传活动与社会公众之间，应当形成如同"风助雷声，雷借风势"，二者相互激荡、互相增益的关系。当公众反馈有价值的建议时，应当认真研究、积极采纳；当公众指出营销宣传活动不足之处时，要能虚心接受、切实改正。这是利用外部力量不断改进和完善自我、增益补虚的绝好时机。

益卦初九爻：利用为大作，元吉，无咎。

【释义】有利于采取大动作，很吉利，不会有祸患。

【管理之道】营销宣传活动经过科学分析、缜密筹划，就可以付诸实施，把计划方案变成现实行动，没必要犹豫。任何设计细密的方案在没有实施的时候都只是"纸上谈兵"，只有付诸实施，才能发现方案的不足之处；也只有付诸实施，方案的价值才能得到体现。所以，谋定而后动，有谋有动，二者缺一不可。

益卦六二爻：或益之，十朋之龟弗可违，永贞吉。王用享于帝，吉。

【释义】或许有好处，面对巨大的诱惑也不违背，始终守正，很吉利。

【管理之道】营销宣传活动一个很重要的目的是为企业带来增益，因此在整个过程中都要以企业价值观为指导，坚决抵制不良诱惑，坚持正确方向和道路。

很多导致营销宣传跑偏的诱惑因素，往往都是以能带来巨大利益的面目出现的，因此，建立健全在各种诱惑面前始终守正而不跑偏的机制，应当认真对待。

益卦六三爻：益之用凶事，无咎；有孚，中行告公用圭。

【释义】用增益去弥补损失，没有过错；但要诚信为本，如实说明情况，秉持守正而不走极端。

【管理之道】不排除营销宣传活动因为某些不可预知、不可控制因素的影响而出现失误，给企业造成一定损失。这时，健康有效的反馈机制应当发挥基本的作用。营销宣传活动的实施者，也应本着实事求是的精神，第一时间向领导层汇报沟通，以获得必要的帮助。之所以强调诚信为本，就是因为在这样的情况下有些人为了逃避责任，有意隐瞒实情或是弄虚作假欺骗组织和领导，这种一错再错、错上加错的做法，不仅无益于解决问题，反而会带来更大损失。

益卦六四爻：中行告公从，利用为依迁国。

【释义】因为守正公开,领导听从、接受,这种情况有利于统一大家的意志,重新调整目标方向,采取新的行动。

【管理之道】守正之举值得肯定,不走极端才会有回旋余地。营销宣传活动如果能及时纠偏纠错,回到正确的道路上来,这样的实际行动一定会得到公众的赞赏和欢迎。利益是在行动中取得的,错误也是在实践中得以改正的,新目标的确立可以更大地吸引公众的关注。

益卦九五爻:有孚惠心,勿问,元吉;有孚惠我德。

【释义】有诚信且有施惠之心,毫无疑问这是大吉大利的;诚信施惠也有益于自身道德的提升。

【管理之道】企业营销宣传活动既要讲诚信,又要能为公众带来实实在在的利益。诚信与施惠,是联结企业营销宣传与社会公众的重要纽带。

坚持诚信宣传、施惠于众,既是企业文化的重要内涵,也是指导企业营销宣传的重要原则,亦是赢得社会公众支持的管理之道。

益卦上九爻:莫益之,或击之,立心勿恒,凶。

【释义】不可能增益了,或许会被攻击;心志不能持之以恒,很危险。

【管理之道】无论多么吸引眼球的营销宣传活动,如果不能给社会公众带来实实在在的利益,那么,最终得到的很可能是大家的唾弃、鄙视甚至是群起而攻之,这一深刻的教训应当铭刻在心。

贵人之贵,贵在适可而止;高人之高,高在点到为止。营销宣传活动要得到公众的认可、支持、参与,就必须始终如一地坚持诚信为本、利益导向;坚持从善如流、有过则改。只有这样,才可以有效避免被"群起而攻之",才会迎来"群起而颂之"的良好局面,真正把"危难之机"转化成"大有可为之机"。

【益卦智慧检验如何进行营销宣传并影响公众】
如何正确处理营销宣传的谋划与实施?
如何避免不良因素对营销宣传活动的干扰和影响?
如何在第一时间纠正营销宣传活动中出现的问题?
如何迅速地完成新营销宣传活动的调整?
如何在营销宣传活动中更好地展示企业精神?

如何避免被"群起而攻之"的公众危机的发生？

【仿益卦】
初九:营销宣传活动务必坚持谋定而后动。
六二:建立健全营销宣传活动不偏离目标方向的监控机制。
六三:建立健全错误上报机制,下情上达要真实、全面、及时。
六四:建立健全纠错机制,方向、目标、路径调整要迅捷有效。
九五:敬畏法律,尊重公众;诚信为本,施惠于众。
上九:公众至上,接受监督;持之以恒,追求双赢。

第五章

巽卦：客户及公众管理的基本原则

一个企业，不仅本身是一个组织，有团队力量，同时又处在多种力量相互施加影响的环境之中，其中有政府的影响，有社会公众的影响，有社会舆论的影响，有合作者、竞争者的影响，有资源供应者的影响，有专家学者的影响，有各种信息的影响，等等。企业面对这些无法回避、无法抗拒的影响，首要的选择是降低自己的身段，以恭敬谦卑之心来对待，保持对政府的尊重，对社会公众的尊重，对社会舆论的尊重，对合作者、竞争者、供应者的尊重，对专家学者的尊重，万万不可自以为是、目中无人。

尤其对那些有足够能量影响企业生存和发展的高人、贵人、贤人、大人，唯一的选择就是谦恭以待，虚心听取他们的意见和建议，以彼之智、之势，成就己之事、之业，利用彼之资源为自己建立起可依赖的关系网络，找到坚实的靠山和保护伞，"大树底下好乘凉"。在条件许可的情况下，根据企业发展的实际，可以组建相应的专业指导委员会或专家顾问团队，定期或不定期对企业经营状况进行会诊，提出改进意见或建议，确保企业健康、顺利、可持续发展。

谦逊是一种素质，要用机制确保这一素质在对外交往中生根、开花、结果，为企业发展带来实实在在的效益。

在八卦易象中，企业外部资源在巽卦，其卦象为风，风无处不在，风无孔不入，既可以春风拂面，也可以狂风大作，既可以和风细雨，也可以暴风骤雨，所以风往往以柔弱之躯携带着可以随时发作、随时进入的巨大力量。六十四卦易理管理应用体系中，巽卦揭示企业外部资源管理的基本原则。

巽卦卦辞：小亨，利有攸往，利见大人。

【释义】谦逊低调，能达亨通，可以作为，贵人相助。

【管理之道】企业打拼市场,可以通过造势彰显自己的品牌,但面对公众、政府、舆论,还是要保持谦逊之态,这样才能亨通顺畅、行稳致远,因为这些力量是企业的"贵人",得罪贵人能有好结果吗？在互联网思维时代,积极发展与社会公众、政府、媒体、合作者的良好关系,有助于为企业营造和谐、良好的生态环境。

巽卦大象辞:随风,巽。君子以申命行事。

【释义】谦逊之态,随风而入。领导者由此感悟到要通过宣传展开行动。

【管理之道】企业营销,少不了对外宣传和展示,这种宣传展示不仅仅是针对消费者和客户,很多时候,要面对政府,面对社会公众,面对众多媒体,面对合作者。这样的宣传,也许不直接展示企业的产品和服务,但一定要彰显企业的价值观,彰显企业愿景、企业使命,使人们对企业的追求和精神有一个深刻的认知,这种认知最终会演变为企业的美誉度,从而形成对企业产品和服务认识的正向强化。同时,企业还要能够按照高人、贤人、贵人的指点,顺势而为,发布消息如风一样无孔不入,树立形象如风一样无处不在,宣传鼓动如风一样风吹草动。

巽卦初六爻:进退,利武人之贞。

【释义】可进亦可退,进退之选,要果断。

【管理之道】企业谦逊之态,不应是软弱之态,更不应缺乏自信心。

谦恭处事,不是左右摇摆,不是进退不定,不是犹豫不决,应该是刚健而不刚愎自用,果敢而善于倾听,有主见又尊重高人指点。

明白自己要干什么和不能干什么,清楚自己要去哪里和不应该去哪里,在这个前提下,倾听专家、智者的意见和建议,这就是有主见而谦逊。

巽卦九二爻:巽在床下,用史巫纷若,吉,无咎。

【释义】逊伏于床下,像志通神明的史巫那样虔诚,这样做才吉利,不会有过错。

【管理之道】在高人面前谦逊,就是要降低自己,这样做不是自卑,不是阿谀,更不是对权势的跪拜,而是心有诚意、待人以谦的具体体现。

向高人智者虚心请教,首先要让对方感受到自己的诚意而不是自卑、阿谀。诚意的谦恭受人尊敬,而自卑和阿谀只会使人心生厌恶。形式可能难以区分,态度却有天壤之别。

巽卦九三爻:频巽,吝。

【释义】如东施效颦一般强装出谦逊的样子,只能给自己带来耻辱。

【管理之道】装出来的谦逊不是真的谦逊,东施效颦式的做法甚至都不能称之为作秀,口是心非、装模作样只会给自己带来羞辱。

谦逊最贵坦诚以见。所以,面对贵人,你可以在不经意间冒犯,但不可以甜言蜜语、虚伪以待。可以不优秀,但不可以虚伪。人如此,企业亦如此。

巽卦六四爻:悔亡,田获三品。

【释义】令人懊悔的事情远去,好比田猎,不仅可以除害,还会有所得。

【管理之道】企业在发展过程中,不时要和各方面的人进行交往,因此,要成立一个专门机构,很好地负责协调企业公共关系工作,避免因一时不慎、一事不当而带来不必要的损害。

把公关工作上升到事关全局、事关战略、事关形象的高度来对待,委以重任,积极作为。公关部的工作,一个很重要的原则就是以纯正的动机和谦恭的姿态对待一切客户,以自己踏实坦荡的作为,消除一切不利因素带来的负面影响,并在对外交往中创造价值,树立形象。

巽卦九五爻:贞吉悔亡,无不利。无初有终,先庚三日,后庚三日,吉。

【释义】守正使懊悔消失,争取无所不利。莫担心开局不顺,要追求结局大好,事前多叮嘱,事后多揆度,这样才会吉利。

【管理之道】对最高领导层而言,谦逊是一种负责任的态度,企业领导层要有全面规划的意识,统筹兼顾各方诉求,树立正确的目标,使用正当的手段,保持纯正的动机,制定全面的策略,审慎处事,善观察、有预见、多防范、能应对,带领企业健康发展。

巽卦上九爻:巽在床下,丧其资斧,贞凶。

【释义】一味谦逊跪倒在地,丧失决断之机、可为之时,这种貌似谦逊的做法会带来凶险的后果。

【管理之道】真正的谦逊首先是明明白白我的心,知道自己的作为所在,知道自己的目标是什么。所以要谦逊而不自卑,真诚而不虚伪,守正而不偏颇,全面而又审慎,最重要的是善于抓住时机,顺势而为。一味乞求贵人相助、智者相帮而放弃自己的作为,只能坐失良机,后果当然很糟糕。

【巽卦智慧检验企业公共关系之道】

企业公关是否找到贵人、高人、贤人?他们是谁?他们何在?

企业是否有清晰的战略目标和行动指南?进退不定、左右摇摆能得到高人指点、贵人相助吗?

企业公关强调谦逊,而畏惧权贵、自卑阿谀是正确的心态和做法吗?

在处理公关事件中,是否有过口是心非、装模作样的"谦逊"之举?

如何确保在公共关系中做到动机、目标、手段三位一体、正当合理?

企业是否善于总结经验教训,并将其机制化,以推进公关工作?

如何区分自卑与自信,并在行动中准确把握?

【仿巽卦】

初六:向专家顾问请教,要带着问题和自己的见解,避免"一问三不知"。

九二:不自卑,有诚意,虚心请教,坦荡交流,才会有好的结果。

九三:谨防虚情假意、有名无实。装出来的谦卑恭敬,只能自取其辱。

六四:公关工作无小事。以坦诚之心、谦敬之态开展工作,最大程度地化消极为积极,变被动为主动,减少损失,创造价值,树立形象。

九五:领导层要全面协调,审慎处事,有预见,能防范,确保平顺健康发展。

上九:以我为主,积极作为;听取他人意见,但不坐失良机。

第六章

涣卦：公众管理与群众队伍

一个组织，如果拥有庞大而有影响力的外部资源，真的是一件很幸运的事情，尤其是其中的智力资源，即所谓的高人和贵人，往往蕴含着特别巨大的价值。高人之高，在于指点迷津；贵人之贵，在于提供价值。把这种重要的智力资源引入组织，成本低、效益大，会收到事半而功倍的良好效果。

致力于打造学习型组织，培养学习型员工，就必须创造条件，使外部资源中的智力资源与企业人力资源广泛地、经常地面对面、零距离接触。请高人贤人来教育和影响团队成员，使大家经受洗礼，焕发活力，这是提升团队素质的重要途径。只有把大家的意志和力量统一起来，才会实现事业的发展。

在八卦易象中，公众属巽，群众属坎，二者结合，巽上坎下，即是六十四卦中的风水涣卦。涣卦揭示高人指路、激发企业人力资源活力之道。

涣卦卦辞：涣，亨。王假有庙。利涉大川，利贞。

【释义】涣卦，有亨通之象。天子来到太庙，居于中心位置。有利于开展大行动，就像渡河到达彼岸，有利于得到好的结果。

【管理之道】当外在的智力资源与组织成员密切结合，往往会产生巨大的力量，就像舟船行于水上，顺利到达胜利的彼岸。这就是正向激励。组织培训，除了技术层面和政策层面的内容，还应该有思想层面的内容。往往正是这些看似抽象的思想内容培训，能有效解决组织内部深层次的问题。统一思想，明确方向，一定不是技术知识所能解决的。组织的领导者，应该像古代君王利用宗庙和相关仪式那样，把大家凝聚起来开展行动。善于为组织成员接触外在的智力资源提供平台，是一件具有战略意义的事情，必须高度重视。

涣卦大象辞：风行水上，涣。先王以享于帝，立庙。

【释义】巽上坎下,风行水上,这是涣卦之象。先王由此领悟到要祭享天帝,设立宗庙。

【管理之道】古代君王借助设立宗庙进行祭祀的形式,实现凝聚人心、统一思想,达到统一行动、步调一致的目的。这是一种原始状态下的团队管理方式。现代组织中领导者与时俱进,可以采用丰富多彩且更加有效的方式把大家团结在一起,其中,借助外在的智力资源对组织成员进行培训提高就是重要的途径之一。

涣卦初六爻:用拯马壮,吉。

【释义】用健壮之马去拯救,很好。

【管理之道】不管是针对团队中出现的涣散初象采取强有力的治理措施,还是借助强大的外在智力推进团队状态的改善,都强调措施和活动的力度,发挥醍醐灌顶的震撼作用,使受教育者如梦方醒。面对组织中出现的涣散之象,一开始就重拳出击,不使其泛滥成灾。这种触及灵魂深处的举措是解决问题所必需的。

涣卦九二爻:涣奔其机,悔亡。

【释义】涣象已显,迅速跑到几筵所在,就不会发生令自己懊悔的事情。

【管理之道】一个团队,需要一个强有力的领导核心,同样,在基层群众中,也应该有诸多把广大成员凝聚在一起的小核心组织。从领导管理的角度讲,应该积极培育群众核心力量,积极发动群众,形成各个层级的核心组织,把周围的人团结在一起。过去讲"火车跑得快,全凭车头带",现在应该用动车组的概念取代传统的火车概念,让每一节车厢都产生前进的动力。所以,组建群众主动学习小组是很有必要的。

涣卦六三爻:涣其躬,无悔。

【释义】用水洗涤自己的身体,没有懊悔。

【管理之道】借助外在的智力对组织成员进行思想教育和素质提升,进展到一定程度,就必须内外融合,在群众中开展批评与自我批评,随时自发纠正错误,莫使任何一人游离于组织之外,成为独行侠而天马行空、独往独来。教育、培训、学习,都是外在的形式,重要的是把内容内化为自己的素质并体现在行为中。通过组建自发性学习组织，能够有效放大学习和培训的效果，并使其成为可持续的习惯，这样的智力介入才是成功的。

涣卦六四爻：涣其群，元吉；涣有丘，匪夷所思。

【释义】解散自己的小团体，这应该是正确的；组建更大的团队犹如山丘，这是平常人所不能理解的。

【管理之道】随着思想认识的提高和行为方式的改变，以前熟悉和适应的组织形式面临着新的变革，这就需要进行整合，这是一场重大的革命。根据发展的需要，把已有的组织解散，重新组合成更大的组织，这在常人看来不可思议，但对于组织实现更大的发展是必须要迈出的一步。解散小团体，是为了打破门户之见，这需要一定的勇气；重新整合形成新的组织，是为了实现更大的发展，这需要战略眼光和智慧。

涣卦九五爻：涣汗其大号；涣王居，无咎。

【释义】君王发布号令要像使病人发汗那样有效，也重新修葺自己的宫殿，没有过错。

【管理之道】把高人、贵人、贤人的智力资源变成组织最高领导者的思想，充分发挥其号令组织成员的权威，整治群众队伍，也整治管理团队，改变涣散无力的状态，彻底扭转一盘散沙的被动局面。

涣卦上九爻：涣其血，去逖出，无咎。

【释义】就像给病人放淤血一样，使其远离病痛伤害，这样的做法没有过错。

【管理之道】真正的思想革命，就是要彻底消除不利于发展的一切消极因素，使之远离团队组织的每一个成员，去不复来，逖不复近，出不复入，迎接安定团结、顺利发展的大好局面。做到这一点，不能只靠教育，还必须建立机制，改善体制，优化规制，用一套严谨规范的制度安排固化、强化教育培训效果。

【涣卦智慧检验如何进行群众思想教育工作】
纠错是否敢于重拳出击，把问题消灭在萌芽状态？

群众队伍是否有核心组织,在关键时刻聚得起、站得出、冲得上、拿得下,攻坚克难?

各级组织内部是否有自主治理机制,可第一时间自主解决问题?

组织构架是否有弹性,能适时做出调整、组合,以便更好发展?

领导层是否能够自下而上地进行整顿和变革?

是否形成了纠正错误并有效预防复发的机制体制?

【仿涣卦】

初六:以强有力的举措推进外在智力内化为团队前进的动力。

九二:广泛建立群众自治机制和自主学习组织。

六三:充分发挥群众自治纠错机制的作用。

六四:与时俱进,对基层组织进行整合。

九五:在调整基层组织的同时,对上层组织进行变革。

上九:把经验和教训上升为理论,并建立不重蹈覆辙的机制。

第七章

渐卦：公众管理与规则制度

公众管理和规章制度，看似两个不相关的事情，对于组织的健康发展却有着同样重要的影响。公众管理中一个很重要的内容，涉及企业组织外部的人际关系圈子，这其中的高人指路、贵人相助对企业而言是一种难得的宝贵资源，而组织内部的规章制度是确保组织正常运转的重要机制，二者缺一不可。

在八卦易象中，公众管理用巽卦表示，规则制度用艮卦表示，二者结合，巽上艮下，在六十四卦中就是风山渐卦。渐卦之"渐"，是逐渐变化、循序渐进之意。如何在组织规章制度体系内借鉴高人之智、贤人之德、贵人之见，发挥好这些人作为组织顾问和高参的作用，是一个必须认真对待的问题，渐卦给出了解决这个问题的基本原则和策略选择。在六十四卦易理管理应用体系里，渐卦揭示以贤人之德、高人之智完善制度化管理。

渐卦卦辞：渐，女归，吉，利贞。

【释义】渐卦，嫁女吉利，利于坚守正道。

【管理之道】执行规章制度，要立竿见影，但是制度建设是一个循序渐进的过程，不可能朝夕之间就完善到位。规章制度的完善，一是要根据组织发展的需要和遇到的实际问题有针对性地出台，二是要有利于在组织内部树立正气，传递正能量，确保走正道。总之，制度建设要循序渐进，顺势而为。一旦形成规章，就应令行禁止，当进则进，当止则止，有效保证每一个成员不出格、不逾矩、不违规、不松懈、不怠慢。作为高参，审视组织的制度文化，对规章制度提出建设性意见，也应该从这两方面入手。

渐卦大象辞：山上有木，渐。君子以居贤德善俗。

【释义】巽上而艮下,犹如山上有木,这是渐卦之象。君子人物就应当以自己的贤德影响和改变习俗,树立良好风气。

【管理之道】在组织管理中,不仅要有严格规范的制度化管理,也要有润物无声的文化熏陶和高尚的道德感化。要善于借助组织外部的文化力量,用高人之智、贵人之德、贤人之才,通过学习培训,强化大家对制度规则的理解、认同和执行,促使企业风气向更好的方面转化。

渐卦初六爻:鸿渐于干,小子厉,有言无咎。

【释义】鸿雁慢慢落在岸边,年轻人认为有危险,出言制止,这没有过错。

【管理之道】从组织现状和发展需要的实际出发,力求制度规章既合乎规律又能有效解决问题。规章制度是逐步完善的,也是不断变革的。高人之高、贵人之贵、贤人之贤,就在于能及时、恰当地提出合理化建议。组织领导对于这样的声音应该给予积极的肯定。如果提出的变革既是必须的,又是审慎的,并且是积极的,就不要在意个别人说三道四。

渐卦六二爻:鸿渐于磐,饮食衎衎,吉。

【释义】鸿雁慢慢落在磐石之上,快乐地饮水进食。这是吉利的景象。

【管理之道】磐石给了鸿雁快乐生活的基础,规章制度同样要能够给组织健康发展提供坚实的基础保障。规章制度化,制度体制化,体制系统化,不因领导者的改变而改变,不因领导者注意力的改变而改变。当制度体系和企业文化融为一体的时候,企业才真正拥有了可持续发展的能力。高参的职责所在,就是不断强化制度体系的基础性作用,并使之长效化。

渐卦九三爻:鸿渐于陆,夫征不复,妇孕不育,凶。利御寇。

【释义】鸿雁慢慢落在陆地上,如若不慎,则犹如丈夫征战而不复还,妇人有孕而不能养育,这是凶险之象。最好的做法就是做好风险防御。

【管理之道】规章制度建设如何循序渐进,要注意两个方面的问题:其一是丢掉一次性全面完成制度体系建设的幻想;其二是从一开始就应当有风险管控机制。这样的话,即便未必能把所有的行为都纳入规范化管理之中,也能够在出现危机和风险的时候确保组织立于不败之地。高参的作用就是发现问题并在第一时间发出预警、提出建议。

渐卦六四爻:鸿渐于木,或得其桷,无咎。

【释义】鸿雁慢慢落在树上,有的歇息在房屋细长的橡木之上,这样的选择没有过错。

【管理之道】制度建设必须从组织的实际出发,同时要积极听取来自高人、贵人的合理化、建设性建议,这是确保规章制度体系基础厚实、立意高远的基本选择。学会借高人、贵人、贤人之力,成就自己事业的发展。

渐卦九五爻:鸿渐于陵,妇三岁不孕,终莫之胜,吉。

【释义】鸿雁慢慢飞上山陵,妇人多年没有身孕,现在终于在日暮之时生子,这是吉利的事情。

【管理之道】规章制度体系建设会随着事业发展而不断完善,一些长期得不到解决的问题也逐渐被有效克服,好的景象和结果正逐步显现,表明循序渐进的制度体系建设取得了很好的效果。在这个关键时刻,高人、贵人、贤人要进一步发挥指导作用,积极建言献策,为下一阶段制度建设工作的重点指明方向。

渐卦上九爻:鸿渐于陆,其羽可用为仪,吉。

【释义】鸿雁慢慢返回陆地,其落下的羽毛可用于祭祀仪式的装饰,这是吉利的景象。

【管理之道】组织管理,没有规章制度是不行的,但规章制度不是万能的,因此,高人、贵人、贤人既关注组织又置身事外,要重视和利用好他们的独特作用,解决规则制度以外的问题。

【渐卦智慧检验高参与规章制度建设的作用】
制定规章制度离不开高人之见;
规章做细,制度做实,高见要真,求真务实,打好基础;
广开言路,居安思危,给先见之论、逆耳之言适当的空间;
立足当前,着眼长远,稳健运行,谋赢长效;
为实现常胜到常盛的飞跃,高参应智慧地建言献策;
高参要善于用自己的方式解决制度以外的问题。

【仿渐卦】

初六：制度建设要听取高人之见、贵人之识。

六二：把规章制度置于科学、合理、有效的基础之上。

九三：重视高人的逆耳之言,强化风险控制体系建设。

六四：吸收高人、贵人意见,确保制度体系的长效机制。

九五：以问题导向完善规章制度,以结果导向检验规章制度。

上九：借助高人、贵人之手,解决制度之外的问题。

第八章

观卦：公众管理与高管团队

对一个组织而言，内部力量的整合就是练内功，增强团队凝聚力，提升执行的有效性。外部力量则更多地表现为对组织的影响，这些力量包括公众、舆论、客户、合作者、竞争者、资源供应者、专家学者等。通俗地理解，这些都是"贵人""高人"，是企业宝贵的资源。

八卦易象中，公众管理在巽，高管团队在坤，二者结合，巽上坤下，即是六十四卦中的风地观卦。风地观卦形象地揭示高人与高管的相互关系。

高人与高管，前者在局外，后者处局内。常言道"旁观者清"，就指要跳到局外看问题。让高人为企业进行诊断，可以剔除干扰、排除偏见，有利于发现问题。

观卦卦辞：观，盥而不荐，有孚颙若。

【释义】观，就应当像祭祀之前要洗手一样，在尚未进献祭品的时候，诚敬之情就已经表现出来，得到众人仰望。

【管理之道】作为一个组织的高参、顾问，常常被组织成员视为"高人""贵人"，而受到较高规格的礼遇，这是人之常情，但"高人""贵人"本身，则不可高高在上地随意指手画脚、信口开河，而是要抱着对组织负责的态度，严肃认真地观察组织的现状，深刻透彻地剖析组织存在的问题，针对性地提出解决思路和途径，这是高人的价值所在，也是其职业素养、专业水平的基本体现。

观卦大象辞：风行地上，观。先王以省方观民设教。

【释义】风行地上，这是观卦之象。先王由此领悟到及时了解四方实情，根据民生民愿制定政策，施行教化。

【管理之道】观卦风行地上之象，很生动地揭示了深入实际、了解实情、制定实策、解决实际问题的基本道理。深入了解实际情况,就应当实实在在而不是走马观花,是深入基层、行之有效地进行科学调研,而不是冠冕堂皇地做做样子、走走过场,是手脚心眼并用而不是满足于听取汇报。要根据调研所掌握的情况,提出符合实际的建议。

观卦初六爻:童观,小人无咎,君子吝。

【释义】像小孩一样看不清问题的实质,对一般人而言不一定算得上过错,但对于"高人"而言就是问题。

【管理之道】高人为组织提供的主要是智力服务,因此,深入组织内部了解实际情况就非常重要,必不可少。深入实际,首先是不带任何偏见地、客观理性地观察,就像小孩子一样纯粹,不受任何干扰和影响,这就是与"童言无忌"一样有价值的"童眼无忌",看到什么就是什么,不掩饰自己的感受,也不在意他人的感受,因为童心未泯。但是只有这些还远远不够,高人之观,更在于透过现象看到本质。看到真实也许不难,但如果不能看到真实背后的真实,就是一种粗浅而幼稚的观察,是缺乏联系的、不触及本质的、机械僵化的、无法高瞻远瞩的观察,只有看到原因、看透本质、看清趋势,才是真正的观察力。

观卦六二爻:窥观,利女贞。

【释义】从门缝里向外窥视,这是妇人之道。

【管理之道】观察要有大视野。如果总是像妇道人家那样透过门缝去窥视,就难免偏狭,虽然有时可以"管中窥豹,可见一斑",甚至"一叶落而知秋至",但一孔之见总免不了以偏概全,甚至可能得出错误的结论。对于高人和高管而言,这样的观察是绝对不允许的。大视野下的观察一定要抛弃一孔之见,更不能固执偏见,因为偏见必然导致思维偏心、评判偏激、行为偏向。

观卦六三爻:观我生,进退。

【释义】观察自身状态,决定进退之道。

【管理之道】深入实际了解实情,在观察之后形成自己的见解,以此提出或进或退、或取或舍的建议。总起来说应该是这样的一种模式:眼观而后心虑,心虑而后主见,主见而后建议,建议而后举措,举措而后行动,行动而后进退,进退以求生存,生存以利发展。

观卦六四爻:观国之光,利用宾于王。

【释义】观察一国之君的风采,有利于自己进仕辅佐而受到君王礼遇。

【管理之道】高人之观,常常是突出重点,而不是走马观花、浮光掠影、蜻蜓点水,只有这样,才有利于做出正确而深刻的判断。观察一个组织的情况,常常要从最高领导层的精神面貌入手,因为他们的生活态度、工作作风、行为举止无不影响着组织成员的精神状态和价值取向。领导者个人的精神风貌,常常就是团队精神风貌的坐标,孔子所言"君子之德风,小人之德草,草上之风,必偃"就是这个意思。对于有识之士、有才之人,跟随有追求、有理想、有道德、有作为的领导,就可以成就自己辉煌的职业人生,这就是"良禽择木而栖,贤臣择主而事"的道理。

观卦九五爻:观我生,君子无咎。

【释义】观察自身状态,不断反省,君子人物才不会犯错误。

【管理之道】身为组织的领导和高管,要经常反省自己的行为和决定,这样才不会有祸患发生,万万不可因为取得成就而忘乎所以,也不可因一时受挫而萎靡不振。领导和高管还要善于听取高参、顾问、专家的意见和建议,根据高人之见,不断修正错误、减少失误,不断完善自我、强化素质,带领组织夺取更大胜利。

观卦上九爻:观其生,君子无咎。

【释义】成为大家关注的焦点,有君子之德才不会有灾祸。

【管理之道】作为高管,应该严格约束自己,给大家起表率作用。越是高高在上,越要时刻谨慎小心,越要关心大家、关注集体,以自身的道德修养赢得大家的尊敬、爱戴、追随。

【观卦智慧检验高管与高人的相互关系】
客观而深刻地观察,才能有高人之见;
在大背景下用大视野观察,才不会有一孔之见;
有看法要及时沟通,把办法变为行动指南;

不放过重点,更能找到重点,形成真知灼见;
敢谏言、善献策,减少高管失误;
以人为本,以德为先,强化高管品德修养。

【仿观卦】
初六:确保随时随地透过现象看到本质。
六二:放大观察视野,抛弃一孔之见。
六三:看到想到,把见识变为行动指南。
六四:把握重点,确保看深看透、看到灵魂。
九五:听取高人之见,反思、反省自我。
上九:保持君子风范,成为众人表率。

第六篇
人力资源管理系列问题

人力资源管理系列，特指企业职工队伍、人才队伍的建设与管理，在易理应用体系里是指以坎卦为上卦，并按先天卦序排列下卦所形成的八个成卦，即需卦、节卦、既济卦、屯卦、井卦、坎卦、蹇卦和比卦，分别揭示职工队伍管理与领导决策，职工队伍建设中的资金支持之道，人才队伍建设与生产技术管理之道，职工队伍与企业营销及文化建设，职工队伍建设与人才引进之道，企业人力资源管理的基本原则，人力资源管理机制建设，以及人力资源管理中的高管团队。

第一章

需卦：群众队伍与领导班子

群众队伍的状态，在很大程度上取决于领导层所做的团队建设和组织管理工作，尤其是领导班子的精神状态，更是成为群众队伍精神的风向标。

在八卦易象中，群众属坎，领导属乾，二者结合，坎上乾下，是六十四卦中的水天需卦。需卦之"需"，是等待的意思。需卦讲等待，无非是等待危机远去，机会来临，无非是等待趋利避害的最佳节点。所以，需卦揭示领导带领群众待机而动的智慧。

群众与领导之间，不仅仅是领导与群众的交流沟通，也包括领导带领群众待机而动、择机而为，还包括给予群众必要的休养生息之机。很多该做的事情都做了，接下来就是静静等待随之而来的变化与发展。

需卦卦辞：有孚，光亨，贞吉，利涉大川。

【释义】有信实，就光大亨通，守正而得吉，能够渡过大河一样的险阻。

【管理之道】凝聚起群众的智慧和力量，不等于要立即展开行动，众志成城只是团队行动的必要条件，而恰当的时机才是团队行动的充分条件。所以，领导带领群众，要善于在等待中寻求时机，时机未到，就要积极调整，强化诚信、树立自信、确立正道，用信心、诚心、恒心、耐心奠定趋利避害的坚实基础。

需卦大象辞：云上于天，需。君子以饮食宴乐。

【释义】云水在天之上，这是需卦之象。君子领悟到需要等待的时候就应当安闲淡定地正常生活。

【管理之道】等待是煎熬的、痛苦的，有时甚至是难以忍受的，但不该出手的时候就必须懂得等待，保持安闲淡定的心态情绪，尽可能做到生活正常、工作正常,不为闲言碎语所干扰,不因艰难而动摇,更不因不慎之举而使祸患加身。平常所谓的"内紧外松"大概就是这样子吧,随时得机而动,但外表平静如常。水汽升腾到天上结而为云,只待条件成熟,阴阳交合,普降甘霖,这一自然现象也暗示等待的必要性。

需卦初九爻:需于郊,利用恒,无咎。

【释义】险阻出现在很远的地方,保持寻常状态,不会有灾咎。

【管理之道】常言说机会就在危机之中,那么,如果是危机,领导者的作用就是化险为夷,所以要有危机意识,防患于未然;如果是机会,领导者的作用就是把握机遇有所作为。不管是危机还是机会,都有一个远或近的问题,近在眼前伸手可触当然要立即行动,可是若远在天边,就只能密切关注而不可影响正常工作。当一种很明显的危机或者是一种机会还处在很遥远的地方,一时不会对组织产生直接的影响或者带来利益的时候,就应当保持平常状态,继续有条不紊地推进工作,既不因险阻在前而乱了方寸,也不因机会将至而得意忘形,这正是领导者既高瞻远瞩又闲庭信步的表现。

需卦九二爻:需于沙,小有言,终吉。

【释义】比较接近了,会有一些小的责难和伤害,但最终是吉利的。

【管理之道】趋势变得稍微明朗一些,很多人看到危机将至或者机会将临,都会忍不住要发一番议论,对此,领导者应能正确对待,要善于发动群众进行分析,让大家畅所欲言、各抒己见而不是窃窃私语。群众的意见,可以倾听,一些好的建议,也可以吸收采纳,但领导层基于严谨分析而形成的主见必须成为团队行动的主导和指南,不可在众人的议论声中轻易放弃集体做出的正确主张和战略决策。平和而自信,淡定而坚定,这才是领导者应有的气质。

需卦九三爻:需于泥,致寇至。

【释义】时机近在眼前,行动不慎随时可能陷入泥潭,如同招致敌寇来袭。

【管理之道】对于近在眼前的危机或机遇,要保持高度警惕,趋利避害为不二选择,但是这还远远不够,因为伴随危机或机遇一同到来的,还有"次生灾害"和"趁火打劫者",因此要谨慎再谨慎。知难而进、迎难而上,不是盲目冒进,不是胆大妄为,而是三思而后行,谋定而后动,需要的是胆大心细、周密谨慎,这就是"敬慎不败"的道理。防范危机风险,不仅仅是防范危机本身,还有危机带来的连锁反应、次生灾害;把握机遇,不仅仅是自己采取行动,还要关注其他相关者的行动产生的波及效应。审视利弊,全面分析,谨慎决策,稳定军心,确保行动不出差池。

需卦六四爻:需于血,出自穴。

【释义】被剧变包围而身陷其中,最后平安走出。

【管理之道】如果危机已经与我们"零距离接触",如果机会已经被我们掌握在手,那么,团队从容不迫、有条不紊的素质这时就派上用场了。从容不迫,就是处变不惊,沉着应对;有条不紊,就是以变应变,顺势而为。在行动中,既要有两强相遇勇者胜的气概,更要有以柔克刚的智慧,最终走出变局走向胜利,谨防"出师未捷身先死"。

需卦九五爻:需于酒食,贞吉。

【释义】安闲地享受酒食,坚守正道,这才是最好的。

【管理之道】领导层带领群众队伍,一个基本的要求是尽可能让组织处在相对安全的位置,于内而言,团结凝聚,于外而言,和谐共处。这需要领导层思维清晰、判断准确,既能抢抓机遇趁势而上,又能静观其变险中求安,真正做到"任凭风浪起,稳坐钓鱼船"。如何确保组织处于相对安全的位置呢?只有一条必须坚守的原则:走正道。

需卦上六爻:入于穴,有不速之客三人来。敬之,终吉。

【释义】根本性的变化就要发生,带领众人一鼓作气,受到尊敬拥戴,最终吉利。

【管理之道】该出手时就出手。领导层要善于辨别和把握事物发展质变转机的关键时刻,瞅准时机,带领群众积极作为,一鼓作气,收获大利。到了该出手的时候,就要发动积蓄已久的力量,发起致命一击,或转危为安走出困境,或乘风破浪抵达彼岸,莫使自己因为犹豫徘徊错失良机而后悔不已。

【需卦智慧检验领导带领群众待机而动之道】
如何把日常工作与危机意识及应对机制巧妙结合?

怎样才能既听取别人意见又不失自我主见？

如何在防险时有效防范次生灾害？

如何在减少损失的前提下顺势而为？

如何在危机到来的时候找到守正之道？

怎样抓住时机积极作为完成最后一击？

【仿需卦】

初九：培养团队从容不迫、有条不紊应对变化的气质。

九二：用机制保障每个成员有效表达自己的观点，集思广益。

九三：把团队行动建立在全面分析的基础之上，做到"以患为利，以迂为直"。

六四：勇气与智慧结合，刚柔并济，有所为有所不为。

九五：始终坚持走正道，让团队处在安全的位置。

上六：带领团队完成最后一击，夺取最终胜利。

第二章

节卦：群众队伍与资金管理

尽管很多时候人们喜欢把一些很具体的责任分摊到每个人身上,还创造性地提出一个高大上的口号,美其名曰"人人有责",比如"防火防盗,人人有责""垃圾分类,人人有责"等等,遗憾的是这样大而化之的人人有责常常因为缺乏责任主体而演变成了人人无责。

但是在企业管理中,资金管理的"人人有责"却十分重要。资金使用要精打细算,要养成人人节约一分钱的优良习惯。涓涓细流汇成大海,集腋成裘,聚沙成塔,只要每个人做到大处着眼小处着手,珍惜财力,就能形成节俭的良好风气,就能杜绝铺张浪费的奢靡之风,就能最大限度地发挥财力资本的作用。

在八卦易象中,群众为坎,资金为兑,二者结合,坎上兑下,即是六十四卦中的水泽节卦。在六十四卦易理管理体系中,节卦揭示人人惜财的智慧之道。

节卦卦辞：节,亨。苦节不可贞。

【释义】有所节制,可享亨通;过于节制,就是吝啬,非为正道。

【管理之道】财力资本来之不易,节流与开源同等重要,如果不负责任地胡乱花费,就会严重影响企业进一步发展。但是,企业发展离不开资金的投入和运用,所以,守财奴般的做法也不是企业发展的应有之道。群众利益要关注,经营发展要满足,二者兼顾,相得益彰,这才是企业可持续发展的正道。

节卦大象辞：泽上有水,节。君子以制数度,议德行。

【释义】涓涓细流汇入湖泽,这是节卦之象。君子通过制定礼数法度,节制、约束人们的欲望,考量、规范人们的德行。

【管理之道】资金管理是一个很重要的问题,又是很敏感的问题,因此,既要强调道德自觉,又要建立行之有效的管理机制,双管齐下,在提升人员素质的基础上,根绝人们对钱财的贪婪私欲,通过确立行为规范,引导人们的欲望追求。

节卦初九爻:不出户庭,无咎。

【释义】不出门户和庭院,不会有过错。

【管理之道】聚财之初,以聚为上,所以,惜财理财的关键是不浪费、不糟蹋,让企业全体成员学会控制自己,节制不当行为,杜绝大手大脚、铺张浪费,杜绝资金运用上的"跑冒滴漏"。

节卦九二爻:不出门庭,凶。

【释义】不出门庭,后果凶险。

【管理之道】聚财成势,投资增值,这是聚财的目的之所在。因此,当财力资本聚集到一定程度的时候,要积极寻求有价值的投资项目,为资金打开增值之门。如果一味地聚集而不加运用,就会增加融资成本,加重企业经营的负担。这不是好现象,也不会有好结果。在企业经营艰难之际,群众可以牺牲自己的利益为企业发展做贡献。当企业盈利充裕的时候,就应当向群众利益适度倾斜,如果不能及时满足群众的利益诉求,就可能挫伤其积极性,后果很严重。所以,"该出手时就出手"是资金运用和利益分配的基本策略。

节卦六三爻:不节若,则嗟若,无咎。

【释义】不懂得节制,在叹息中自悔自省,避免灾祸再度发生。

【管理之道】如果在资金使用过程中产生浪费或造成其他失误,要进行反思,要查清原因,要追究责任,要吸取教训,在自省自悔、自查自纠的基础上,通过完善体制机制,避免类似问题再度发生,而不是一味哀叹和怪罪。

节卦六四爻:安节,亨。

【释义】安然地、发自内心地节制,走向亨通。

【管理之道】所有的管理理念、约束机制,只有真正入脑入心,成为组织中每一个成员的自主认知和自觉行动,才是最有效果的管理和约束。尤其在利益分配上,包括项目投资,最终的分配决策、分配制度,一定要建立在共识的基础上。

节卦九五爻:甘节,吉,往有尚。

【释义】欣喜地节制自己,这是很好的现象,持续这样,深得尊敬。

【管理之道】领导层对待金钱利益的态度和行为,往往直接影响团队成员的思想境界和精神风貌。主动降低自己的待遇,让利于民、与民共享,不仅仅是一件事,更重要的它是一个风向标,给大家树立榜样。"君子之德风,小人之德草",其结果不言自明。

节卦上六爻:苦节,贞凶,悔亡。

【释义】过度节制,后果很严重,须防物极必反。

【管理之道】节制不等于没有欲望,节约不等于不消费。过犹不及,物极必反,所以要防止极端化的规定和导向。适可而止,恰到好处,不牺牲生活的快乐,不把节制演变为清苦,既要创造生活,也要享受生活。

【节卦智慧检验追求人愉财裕之道】

节约资金,人人有责,人人可为;

科学投资,合理消费,实现逐利本性;

投资和利益分配,要有追责机制,更要有纠错机制;

从思想认识上解决深层次问题,发挥自主自觉的作用;

清正廉洁,淡泊名利,领导带头树立榜样;

奉献创造,文明生活,在工作和消费中感受清新与快乐。

【仿节卦】

初九:聚财之道,重战略也重细节。

九二:用财之道,花钱要控制,投资要理性。

六三:管财之道,强化责任、强化管理、强化纠错。

六四:理财之道,端正思想认识,杜绝非分之想。

九五:赢财之道,清正廉洁、淡泊名利,道德引领、榜样示范。

上六:散财之道,体面工作、幸福生活,尽情创造、适宜消费。

第三章

既济卦：群众队伍与生产技术

企业生产顺畅、经营良好，持续健康的发展为群众带来实实在在的利益，人们尽情享受发展的成果。但是，任何成功都是新的开始，生产要继续，发展要继续，努力和付出仍要继续。

在八卦易象中，群众队伍属坎卦，生产技术属离卦，二者结合，坎上离下，就是六十四卦中的水火既济卦。既济卦提醒我们，成功之后道路依然漫长，仍须艰苦努力，仍须防范风险。

既济卦卦辞：亨小利贞，初吉终乱。

【释义】亨通，也只是小小的成功，仍要坚守正道。否则，通达的喜庆吉利开局将以最终的毁乱而告结束。

【管理之道】任何成功都不会是永远的终结，而只是新的开始，因此，要审慎地对待已有的成就，自得而不自大，自乐而不自迷，始终保持难得的清醒，坚守成功之道，去夺取更多、更大的胜利。但凡被小小的胜利冲昏头脑，势必居安而忘思危，祸至而不自知，最终导致败亡。这是深刻的历史教训，应当牢记。取得阶段性成果，仍须守正而为，谨防沾沾自喜而陷入不测之祸患，谨防跑偏道。

既济卦大象辞：水在火上，既济。君子以思患而豫防之。

【释义】水在火上，是既济卦象。君子由此领悟事成之后当思虑随之而来的祸患，并提早预防。

【管理之道】思患而防，在取得胜利、享受成功的时候，要多想想可能出现的隐患并加以预防。只有居安思危、防患于未然，才能不断前行，取得更多胜利。

既济卦初九爻：曳其轮，濡其尾，无咎。

【释义】拽住车轮是为了让其减速，河水打湿尾巴也是因为谨慎，这样的做法都不会有错。

【管理之道】取得成功是好事情，享受成功也是人之常情，但也往往是人最容易放松警惕的时候。如何避免因沾沾自喜而陷于不测之隐患？那就必须继续保持谨慎的态度，强化监管措施，确保监管到位，不使各方面举动失控。

既济卦六二爻：妇丧其茀，勿逐，七日得。

【释义】妇人乘车将行，发现首饰丢失，不必去寻找，也许几天后就会失而复得。

【管理之道】在形势大好的时候，也会发生一些意想不到的变故，也会造成一定的损失，这往往是一种警告性的信号。因此，有关领导和管理者应当根据外部条件的变化，及时调整自己的行动。这就需要建立起"止损机制"和"止盈机制"。

既济卦九三爻：高宗伐鬼方，三年克之；小人勿用。

【释义】殷高宗征伐鬼方，历经多年苦战终于取得胜利。奖励有功之人，但不可重用小人。

【管理之道】所有的成功和成果，都是大家共同努力的结果，是历经艰辛付出之后的所得，因此，要根据制度规定论功行赏，对于那些道德品行有瑕疵的人，可以按照成绩大小进行相应奖励，但绝对不可以轻易提升到领导岗位或管理岗位上，不可委以重任。不重用小人应该成为用人的一条铁律。

既济卦六四爻：繻有衣袽，终日戒。

【释义】就像为防止渡河时船体渗漏，要有败絮破衣准备堵漏一样，要时刻保持高度戒备。

【管理之道】忧患意识的基本要求不仅仅是居安思危，而是既要警钟长鸣、高度戒备，更要有应急预案。防患于未然，是一种理念，更应是一种行动；思危防患，不能只停留在思危，而是要能防患，更能化危为安。所以，要从机制建设上入手，把忧患意识、居安思危转化为一个个应对风险危机的预案，做到有备无患、常备不懈。

既济卦九五爻：东邻杀牛,不如西邻之禴祭,实受其福。

【释义】有人杀牛厚祭神灵,也有人用简单的仪式薄祭神灵,同样能得到保佑、享受福祉。

【管理之道】在取得巨大胜利后,可以进行隆重的庆祝活动,也可以充分享受巨大的利益成果,更多的时候是要充满感激之情,理智面对成功,继续用心努力。始终不忘创业的艰辛和守成的艰难,更要意识到再创辉煌的不易。

既济卦上六爻：濡其首,厉。

【释义】河水打湿了头,很危险。

【管理之道】取得胜利之后不能正确认识自己,不能正确把握自己,这是被胜利冲昏了头脑的典型表现。如何保持戒骄戒躁,如何保持继续努力,也是一种警告。不想因胜利而失败,就必须始终居安思危。

【既济卦智慧检验如何对待成功】
能否在成功之后仍然保持不骄不躁不失控的状态？
能否做到从实际出发、保持与时俱进的状态？
能否在组织内部保持正向激励为主的状态？
是否有风险防范机制和应对不测的预案？
是否进行了经验总结和状态再提升？
是否做到了全员居安思危？

【仿既济卦】
初九:不因成功而放松监管,而是确保监管到位。
六二:不因成功而忽视细微变化,而是保持高度警惕。
九三:不因奖励有功之人而导致用人失察,谨防无德之人上位。
六四:面对成功和胜利,把忧患意识转变为风险应对机制。
九五:面对成功和胜利,始终保持积极进取的姿态。
上六:面对成功和胜利,始终保持理智清醒的认识。

第四章
屯卦：群众队伍与营销宣传

在八卦易象里，群众队伍属坎，营销宣传属震，二者结合，坎上震下，即是六十四卦中的水雷屯卦（也叫云雷屯卦）。屯卦之屯，本义是初生之象，屯卦象征万事开头难。

做好开局，影响重大。发挥群众的智慧和力量，为营销宣传活动开好头、起好步，打好开局之战，这是群众队伍与营销宣传之间最好的状态。六十四卦易理管理应用体系中，屯卦阐释发挥群众智慧助力营销宣传开局之道。

屯卦卦辞：元亨利贞，勿用，有攸往，利建侯。

【释义】起步亨通，但不能着急，行动的重点是加强组织建设。

【管理之道】谋开局，求发展，善整合，得正果。开局之际不要急于采取行动，重要的是做好组织架构，为后续发展奠定组织基础。

广泛发动群众参与到营销宣传活动之中，追求元亨利贞，是正确的管理之道，但是不能操之过急，需要全面筹划，尤其是要做好基层组织建设。不追求一哄而起，而是把群众组织起来，形成强有力的战斗集体，实现"1+1>2"的效果。

屯卦大象辞：云雷，屯。君子以经纶。

【释义】云在雷上，是屯卦之象。君子当做好各方面谋划。

【管理之道】万事开头难。发动群众参与到营销宣传活动中，是系统性工作的一个重要组成部分，必须要在起始阶段进行全面的谋划，从纵向的时间节点的前后衔接，到横向的各个要素之间的配合，从营销宣传对象的确立到活动内容的选择，从活动的主导力量到活动的组织形式，林林总总，都需要全面、系统、科学、有序地运筹帷幄，这样才会收到决胜千里的理想效果。

屯卦初九爻：磐桓，利居贞，利建侯。

【释义】如磐石压顶，这时要居贞守正，加强组织建设。

【管理之道】群众参与营销宣传活动，不仅需要积极的热情，还需要有严谨的科学精神，自信而不盲目自大，热情而不失严谨，从目标设定到路径选择，从广泛参与到有序组织，始终确保营销活动在可控范围内合理、有效运行。

屯卦六二爻：屯如邅如，乘马班如；匪寇婚媾，女子贞不字，十年乃字。

【释义】艰难前行遇到阻力，原地徘徊；寻求帮助如同去求婚遭到对方拒绝，也许很久以后才会答应。

【管理之道】动员群众参与营销宣传活动，要充分估计到将会遇到的困难和阻力。营销宣传活动是展示自我、打动对象、获得认同的交互过程，要遵循基本的原则，懂得待机而动，善于顺势而为，使营销宣传活动科学合理、有条不紊地向前推进。所有急功近利、急于求成、揠苗助长式的做法，只会适得其反。

屯卦六三爻：即鹿无虞，惟入于林中，君子几不如舍，往吝。

【释义】前去打猎，但驱赶猎物的人不到位，猎物逃进树林，只好放弃，执意追赶只会使自己蒙受损失。

【管理之道】发动群众参与营销宣传活动，一定要做好各个环节、各个要素之间的协调配合，最忌单凭热情单打独斗、孤军奋战；要坚持有所为有所不为，用机会成本指导目标决策中的取舍，用市场细分法确立目标市场。

屯卦六四爻：乘马班如，求婚媾，往吉，无不利。

【释义】前行依然艰难徘徊，但这时去求婚，却是吉利的。

【管理之道】虽然营销宣传活动推进过程中还有困难，但经过前期的努力，群众队伍的水平不断提升，在总结经验教训、调整行动方案的基础上，可以在更大的范围内开展活动，为达成目标寻求新的突破口。

屯卦九五爻：屯其膏，小贞吉，大贞凶。

【释义】处在艰难之际，发挥利益作用，从小事做起，克服大的困难。

【管理之道】处在艰难之际，领导要善于处理好两方面的关系，这两方面的关系都涉及广大群众。

其一,精神和利益的关系。包括营销宣传在内的企业经营活动,既需要参与者的积极性和忘我精神,也需要利益机制。没有利益回报或者缺乏精神,都不能把实事做好。俗话所谓"要想马儿跑得快,就要给马儿吃得好"就是这个道理。

其二,图大与抓小的关系。营销宣传活动的实施,不管是战术层面、战役层面还是战略层面,都是一个重大问题,来不得敷衍马虎。但所有的大事都是由若干小事组成的,谋大事,要善于从小事做起。让每一位群众把自己的事情做好、做到位,就能够为最终的全面胜利奠定基础。

屯卦上六爻:乘马班如,泣血涟如。

【释义】始终徘徊不前,最终只能悲泣哀叹、涕泪涟涟。

【管理之道】发动群众共同推进营销宣传活动,既要高度重视所面临的困难,也要善于分析发展变化的趋势,正视困难、科学谋划,振奋精神、提升斗志,在困难的时候要看到希望,要善于危中寻机、化危为机,该出手时就出手,绝不错失可以采取行动的良机。

【屯卦智慧检验如何让群众在营销宣传中更好发挥作用】
有无相应的组织机构确保群众行动一盘棋而不是一盘散沙?
有无相应的管理机制确保有效防止盲目乐观、急躁冒进行为的发生?
有无相应的协调机制确保发挥个人积极性,又不出现各自为政的情况?
有无相应机构帮助群众总结经验教训,不断提升营销宣传水平?
有无相应的管控机制确保战术安排服务于战略目标?
有无相应的管理机制在机会来临时及时发出明确信号?

【仿屯卦】
初九:目标设定有自信,路径规划讲科学。
六二:善于待机而动,防止拔苗助长。
六三:用机会成本决策取舍,通过细分市场确定目标。
六四:在困难中历练,在失败中成长,在总结中调整,在实践中创新。
九五:精神塑魂,利益强基,战略引领,战术精进。
上六:既重视困难,不盲目而行,又善于临机而动,不错失良机。

第五章

井卦：群众队伍与公众管理

在企业的外部资源系统中，存在着很多高人之论、贵人之援、贤人之智，这对于企业人力资源而言，就如井中之水，不用未见其多，用而未见其少，真的是不竭之源。

八卦易象里，企业人力资源在坎，外部资源在巽，二者结合，坎上巽下，即是六十四卦中的水风井卦。六十四卦易理管理应用体系中，井卦阐释借力贵人之助提升企业群众队伍素质之道。

井卦卦辞：井，改邑不改井，无丧无得，往来井井。汔至，亦未繘井。羸其瓶，凶。

【释义】人们逐水临井而居，村镇会改变和搬迁，但水井不会移动；如果不放弃或失去旧有的井，就不会得到崭新的井。人们的生活总离不开水井，等到井水干涸了，如果还没有淘井，那么汲水的罐子被井绳放下去也很容易破损，这是凶险的征兆。

【管理之道】作为组织的高人、贵人，应当积极发挥高人指点、贵人相助的积极作用，而不是高高在上、贵不可及。这就相当于水井对人们生活的作用一样，人们固然离不开水井，但如果水井干涸无法满足人们生活之需，人们就会弃井而去，寻找新的水源或者打一口新井。只有这口井能源源不断提供人们所需要的甘甜井水，人们才会不离不弃。如果井中无水，导致汲水的罐子破损，那就不是相助而是相害了。从这个意义上说，贵人之贵，贵在提供有价值的东西。

井卦大象辞：木上有水，井。君子以劳民劝相。

【释义】木上有水，这是井卦之象。领导当由此感悟到一个基本的管理原则:领导当从养民惠民出发,犒劳有作为的人,并使人人勤勉相助。

【管理之道】作为组织重要的外在智力资源,不管是顾问、智库,都必须以提供有效的智力支持为己任,有助于养民惠民,有利于激励勤劳者,有益于成员之间相互勉励、共同作为。具体来说就是:奖励有贡献的人,培养有前途的人,激励想进步的人,督促无所事事的人,改变混工作的人。

井卦初六爻:井泥不食,旧井无禽。

【释义】井底有了淤泥,井水不能食用,这是一口废弃的、已干涸的旧井,连禽鸟都飞走了。

【管理之道】井一旦干涸,就被人废弃,而井要想不干涸,就必须有源源不断的活水。这个基本的道理也适用于说明外在智力资源与团队成员之间的关系。一个高级顾问、一家智库机构,要想不断得到客户组织的重用,就必须不断地提供有价值的建议和咨询,一旦不能持续做到这一点,就会被客户解除服务关系,终止业务往来。一句话,要想不成为被人废弃的对象,就应当不断充实自己,提高自己满足服务对象的能力和水平。

井卦九二爻:井谷射鲋,瓮敝漏。

【释义】井水太少,只够蛤蟆生存,就像瓦罐漏水一样无法正常使用。

【管理之道】井里不仅要有水,而且要有足够的活水,这样才能满足人们的正常需要。一个顾问、一家智库机构,也要有相当的智力资源储备,才能满足客户正常的咨询需要,才能够在职业舞台上立足并有所作为。所谓核心竞争力,就是拥有别人所没有的能力,这就如同一个人拥有别人不可取代的一技之长。这种可持续提供服务的能力,来源于组织与时俱进地不断学习。

井卦九三爻:井渫不食,为我心恻;可用汲,王明,并受其福。

【释义】淘净了井中的泥沙污物,井水充沛清澈,却没有人来打水,不免使人伤心;可以饮用了,英明的王侯和其他人都尽享其福。

【管理之道】作为贵人、高人,本身有一个被人认知的过程,需要不断净化自己,成为一个有高尚品德的人,还要不断努力展示自己的价值,让大家感受到实实在在的利益。一家内外兼修的智力服务机构,一定会受到客户的广泛欢迎和好评。善于通过一定的方式展示自己的品格和水平,对智力服务机构立足并发展具有重要的影响和作用。

井卦六四爻：井甃，无咎。

【释义】砌好井壁，没有坏处。

【管理之道】及时加固井壁，是为了防止坍塌，确保井继续发挥作用。作为组织的高参，面对群众团队中的问题，要能够及时发现、及时指出，并及时提出纠正之策。事前防范的价值远远大于事后总结教训。

井卦九五爻：井冽，寒泉食。

【释义】井水清冽甘甜，可以供人们享用。

【管理之道】一口井经过底部淘渫和井壁加固之后，重新冒出源源不断的甘甜活水，人们又开始享用这口井里的水，这是物尽其用。于人而言，就是把有德有才之人安排在合适的位置上发挥作用，这是人尽其才。一个组织，要善于找到可以为自己贡献智力的人和机构，并创造条件使其充分地发挥作用。

井卦上六爻：井收勿幕，有孚元吉。

【释义】修好井口但不要加盖子，让井水源源不断地发挥效用。

【管理之道】既然处在可以发挥作用的位置，就不要吝啬自己的能力。对于被组织看重的高人、贵人或智库，一定要有服务意识，用诚信树立自己的形象，以服务打造自己的品牌。

【井卦智慧检验高参贵人给予团队成员的智力支持】
是否建立了有效的学习机制帮助大家不断提升能力水平？
是否以打造个人核心竞争力为中心来开展培训教育工作？
是否给每个人展示才华提供了基本的条件？
能否及时发现团队成员的问题并加以解决？
是否做到了人尽其才、才尽其用？
是否营造了人人尽责的良好氛围？

【仿井卦】
初六：建立有效的系统性学习机制，确保每个人及时充电提高。

九二:建立职业能力转化机制,把拥有一技变成一技之长,以每个人的核心竞争力增强企业核心竞争力。

九三:建立"庸者降、平者让、能者上"的竞争优化机制,给每个人提供用武之地,形成合力,促进企业更好发展。

六四:建立纠错预警机制,确保把问题消灭在萌芽状态。

九五:建立科学的人才评价机制,做到人尽其才、人尽其用。

上六:建立全面的绩效考核机制,让每一份能力发挥作用,让每一份贡献得到回报。

第六章

坎卦：人力资源管理的基本原则

水能载舟，亦能覆舟，自古以来就有"君舟民水"之说，因此以坎卦之水指代企业管理中的群众队伍也就顺理成章，而群众队伍建设属于企业人力资源管理中最重要的内容之一。

坎，本义是低陷之处，特指坑穴；引申为险阻，比如"坎坷"。坎卦之象为水，意味着艰险重重。

群众队伍建设做好了，事业发展水到渠成；群众队伍建设出问题，事业发展必然波折连连。群众队伍建设必须高度重视、常抓不懈，务必做实做好。如果把企业基业长青看作是高楼大厦，那么群众队伍就是深埋地下的基础，基础不牢，地动山摇。

坎卦卦辞：习坎，有孚。维心亨，行有尚。

【释义】面对重重困难艰险，要有信心、诚心。内心有光明，就能走得通。

【管理之道】企业在追求发展的过程中，常常会遇到艰难险阻，这正是考验企业有无凝聚力的时候，是考验领导和广大群众品格、意志、毅力和智慧的机会。不言而喻，正确的做法应该是给大家信心，以诚信奠基，保持内心光明，坚定行为方向，引领清晰路径，战胜艰难险阻。

坎卦大象辞：水洊至，习坎。君子以常德行，习教事。

【释义】艰难险阻如潮水般涌来，这就是习坎之象。君子当如水，一刻不停地修炼自己的德行，带领大家做好本职工作，完成好使命。

【管理之道】在艰险困难的环境里，领导者需要从两方面做好工作：一方面是不断修炼德行，完善自我，成为大家的精神领袖和主心骨，成为大家可以聚拢的中心和依靠；另一方面是有效地带领群众在各自的岗位上尽职尽责，把该干的事情干好。前者通过企业文化建设、思想教育工作进行,后者通过企业内部业务培训、学习交流机制实现。

从这个意义上说,群众队伍建设的目标原则就是两条:一是重视品德修炼,二是提高业务水平。而整个人力资源管理要坚持追求:修炼不停顿,意志不消沉,精神不垮塌,团队不涣散,工作不失职,行为不放纵。这是一个卓越企业的精神写照。

坎卦初六爻:习坎,入于坎窞,凶。

【释义】困难重重,陷于其中,凶险无比。

【管理之道】包括群众队伍建设在内的人力资源管理工作,首先要解决方向问题,因为方向一旦出错,路径会跟着出错,结果可想而知。所以,确保不能将团队带上邪路就成为队伍建设的头等大事,要确保不入危地,不犯险境,不干傻事,这样才是对组织负责,对群众负责。

坎卦九二爻:坎有险,求小得。

【释义】前行有险阻,只能小有收获。

【管理之道】群众队伍建设是一个全面的、系统的工程,不可能一朝一夕完成,急功近利的想法、做法并不可取。正确的选择是推崇以人为本、求真务实、落实利益、建立机制、有序推进。

丢弃形式主义和不切实际的幻想,从解决群众最关心、最操心、最烦心的身边事做起,真真正正为群众办实事办好事、解难事除坏事,增强大家的凝聚力,提升大家对企业发展目标的认同度,调动大家建功立业的积极性、主动性、创造性。

坎卦六三爻:来之坎坎,险且枕,入于坎窞,勿用。

【释义】来到困难重重之地,深陷其中,不能发挥作用。

【管理之道】带领群众干事业,一定要立足于风清气正,要有"我们走在大路上"的正确方向,还要有"我们的队伍向太阳"的光明能量,要有能战胜一切敌人而不被敌人战胜的勇气。一旦团队风气受到污染,那么行动就会受阻,就难以发挥应有的作用。所以,在群众队伍建设中,一定要确立正确的价值观,并用以指导用人之道,用有效的用人机制确保宵小之人不能兴风作浪。

坎卦六四爻:樽酒簋贰用缶。纳约自牖,终无咎。

【释义】一樽酒、一碗饭,使用朴素的陶器,通过窗户递进去,看似简单至极的做法,与上层沟通,终究没有过错。

【管理之道】群众队伍建设,上情下达与下情上达,都要从实际出发,把复杂问题简单化,让大家一目了然,讲求形式但不搞形式主义,允许大家以朴素的语言和行为方式充分反映和表达自己的意愿。只要有助于团队建设,有助于事业发展,只要他说的有道理,就应该尊重他的意见,并落实在行动中。

团队建设,就是要营造知无不言、言无不尽的开明氛围,就是要大家在必要的时候畅所欲言、各抒己见。搞一言堂、一手遮天、一人说了算,只能使大家噤若寒蝉。

广开言路,方能集思广益,这是群众队伍建设中应该遵循的基本原则之一。交流是为了沟通,方式方法可以多种多样,当传统的意见箱越来越成为摆设,互联网取而代之,各级领导要习惯于这种变化,熟悉这种方式,在与大家的互动中增进了解、增加共识、增强融合。

坎卦九五爻:坎不盈,祇既平,无咎。

【释义】尚在险坎中,即将走出困境,没有灾咎。

【管理之道】常言道:"行百里者半九十。"领导要充分认识到群众队伍建设的艰巨性和长期性,在即将成功、胜利的时刻,保持冷静和理性,不因一时疏忽而功亏一篑。树立"永远在路上"的思想观念,做到慎终如始。

坎卦上六爻:系用徽缠,置于丛棘,三岁不得,凶。

【释义】用绳子捆缚,置于牢房,长时间得不到解脱,这是凶险之象。

【管理之道】群众队伍建设,要统一大家的意志和行动,但不能捆绑大家的手脚。用行政命令甚至是强制手段让大家保持一致,只能适得其反。

企业不是集中营,更不是监狱,团队的凝聚力无法通过强行改造来达到,而只能通过共同的理想信念、共同的价值观、共同的目标追求来打造。打好文化牌,打造一流团队。

【坎卦智慧检验群众队伍建设之道】
群众队伍建设有明确的目标要求吗?

如何确保队伍不跑偏？

如何确保个人生命是天、群众利益至上？

如何将复杂问题简单化,实现有效交流沟通？

如何让群众看到光明、看到希望？

怎样防范队伍建设中时机未到、力量不足、措施不当之错误？

【仿坎卦】

初六：准确把握团队建设的正确方向至关重要。方向性错误带给团队的是灭顶之灾。

九二：团队建设不能急功近利,要从点滴实事做起。

六三：团队建设重在精神风气的塑造,要通过正确的理念、积极的精神、高尚的情操、务实的作风,营造风清气正的团队生态环境。

六四：通过多种方式和途径,强化内部交流沟通。用机制确保广开言路。

九五：领导层在团队建设中要持之以恒、善始善终,谨防半途而废、功亏一篑。

上六：给团队注入精气神,塑造团队的灵魂,而不是简单约束大家的行为。

第七章

蹇卦：人力资源管理中的制度建设

群众似水，制度如山，在企业内部，既要求群众充满活力，又要求严格遵守制度，有时候是矛盾的。高山可以阻水，滴水也可穿石，用规章制度统一群众思想和行为，不会轻而易举实现，现代企业管理中更强调让群众成为掌握规章制度、运用规章制度的人，而不仅仅是接受规章制度制裁的对象。

在八卦易象中，企业人力资源属坎，制度属艮，二者结合，坎上艮下，即是六十四卦中的水山蹇卦。蹇，原意是跛脚，比喻行动困难。所以，在六十四卦易理管理应用体系里，蹇卦阐释避免人与制度的对立，让群众掌握规章制度并能动地执行规章制度。

组织管理之所以要制定规章制度，就是为了确保平顺前行，如果组织成员不遵守规章制度，就相当于一个人跛脚而行，自然困难重重。发展一旦偏离正道，自然是山高水险，越是挑战制度规则，越会面临风险，所以一定要实现制度化管理的"正道回归"，让广大群众熟悉规章制度、认同规章制度、掌握规章制度、运用规章制度、践行规章制度，这才是制度化管理的本质所在。

蹇卦卦辞：利西南，不利东北。利见大人，贞吉。

【释义】有利于走向平顺之地，而不利于走向山险之处。能得到贵人相助，大吉大利。

【管理之道】要使每个成员自觉遵守规章制度，一开始必须广泛地宣传和教育，先统一群众的思想认识。谁来做这件事情呢？当然是高管团队。高管团队带领群众对规章制度进行宣贯，让大家熟悉规章制度有什么以及为什么，知道令行禁止。而不是把制度规则变成制裁工具，变成用来恐吓威胁的手段。制度是用来约束大家行为的，必要的时候，可以借用外脑，通过系统化的培训，使大家认可规章制度，进而接受并践行。回归正道，才能走得通、走得好。

蹇卦大象辞：山上有水，蹇。君子以反身修德。

【释义】坎上艮下，水在山上，这是蹇卦之象。君子在遇到困难的时候，常常要反思困难产生的原因，并借以提升自身修养。

【管理之道】如果在组织内部发生较为普遍的违章违纪违规的现象，一定要深刻分析和反思：到底是什么原因造成的？一般而言，大致有三种可能：群众思想觉悟低，认识不到位，没有遵章守纪的意识和习惯；现有的规章制度不合理或不合时宜，无法得到执行；执行机制有缺陷，无法发挥作用。有问题不可怕，关键是发动群众找到问题的根源，并且以"反身修德"的态度和意识多从自身找原因，最终找到克服困难的途径和力量。

蹇卦初六爻：往蹇，来誉。

【释义】前行有艰难，那就选择往回走，会好一些。

【管理之道】组织内部制度的确立和规则的设置，一定要有类似刹车一样的"制动机制"，确保前行有风险时能"一慢二看三通过"，必要时可以"走回头路"，避免机械般的"开弓没有回头箭"。战胜困难的豪情壮志不等于莽撞的行为举动，这一点不仅是领导层的理念，更要成为执行层的准则；要让广大一线成员在遇到突发事件、意外事故的时候，能够有效采取"制动措施"避险防难。预警机制可以由领导层决定是否启动，但刹车权一定要交给一线执行层。

蹇卦六二爻：王臣蹇蹇，匪躬之故。

【释义】君王困难重重，自己奋不顾身努力前行。

【管理之道】在组织内部，要提倡互相帮助，分工是专业化发展的必然，协作是团队成功的基础。制度规则不仅要清晰界定每个部门、每个岗位的职责，还要有密切合作、互相帮助的机制诉求，使"一方有难，八方支援"不仅仅是情感驱使，更是一种响应机制和制度安排。

蹇卦九三爻：往蹇，来反。

【释义】前行艰难，返回寻找出路。

【管理之道】制度规则要有灵变机制，确保在遇到困难时能够多方寻求解困出路,必要时走回头路,也不失为一种有价值的选择。

蹇卦六四爻:往蹇,来连。
【释义】前行艰难,寻求向下结盟。
【管理之道】组织内部的规章制度,要有利于增强广大群众的凝聚力,进而增强战胜困难的力量。建立和发展各种群众小组,强化小组织、小团队的功能,是群众队伍建设的一个重要内容。应该有一种机制来保证小团体为大团体服务。

蹇卦九五爻:大蹇,朋来。
【释义】很艰难,有志同道合者援助。
【管理之道】制度建设中,一个很重要的方面是领导层如何及时有效地获取来自基层的合理化建议。领导高高在上,掌控全局,这是领导的职责所在,广大群众处在生产运营第一线,了解实际情况。领导有责任了解一线情况,群众有义务向领导反映发现的问题,这就是志同道合。

如何让志同道合的双方能够及时有效地沟通,不能只靠个人的道德修养和职业精神,还应该依靠有效的管理机制。这个机制就是开放的、多渠道的、反馈及时的、合理化的建议平台。

蹇卦上六爻:往蹇,来硕,吉,利见大人。
【释义】前行艰难,要依靠领导,寻求贵人,这样才吉利。
【管理之道】让规章制度深入人心并成为大家自觉遵守的规范,绝非一朝一夕能实现的,可能是一个不断发展、不断完善、不断提升的过程。为了取得更加理想的效果,除了全员学习和严格考评,还可以积极向上、向外寻求外脑外智,通过咨询、培训等方式,引入推动力。

【蹇卦智慧检验如何化解群众与规章制度的矛盾】
确立制动机制,避免瞎指挥、乱折腾;
确立互应机制,上下联动,部门协调;
落实灵变机制,把新思路变成新路径;
广泛团结群众,增强团队克滞除阻的力量;

建立合理化建议平台,领导与群众志同道合;
练好团队内功,积极寻求外部力量。

【仿蹇卦】

初六:规则制度要有制动机制,且由一线执行者掌握。
六二:强化协作机制,有效相互配合。
九三:发挥一线人员的主动性,用灵变机制解决问题。
六四:鼓励组建各种形式的兴趣小组和攻关团队。
九五:发挥好合理化平台的作用,实现上下志同道合。
上六:在练好内功的基础上,积极寻求外脑外智解决问题。

第八章

比卦：人力资源管理与高管团队

群众是真正的英雄,高管是重要的发动机。群众与高管,是关键少数和普通多数的关系,如果关系融洽,则两者的力量相得益彰;如果关系紧张甚至恶化,则两者形同水火、势不两立。

在八卦易象里,企业人力资源属坎,高管团队属坤,二者结合,坎上坤下,即是六十四卦中的水地比卦。比卦之"比",是相互亲近、互相依附的意思。高管团队和群众队伍,是团队管理中不可忽视的重要方面,两个团队结合在一起,就会出现精诚团结、众志成城的良好局面,无往不胜。

比卦卦辞:吉,原筮,元永贞,无咎,不宁方来,后夫凶。

【释义】两者相互亲近依附,吉利,从一开始就坚守正直品德,不会错,但是如果迟迟不肯亲近,后果就不妙了。

【管理之道】团队之中,上下之间本就是利益共同体和命运共同体,只有彼此坦诚以待、相互信任、紧密团结,才能无往不胜。如果有一方犹豫不决,在行动上迟滞、不积极,就可能给整个团队带来巨大的负面影响。所以,加强宣传,做好思想政治工作,激发自信心,提升认同度,就成为高管团队做好群众工作的重要内容。

比卦大象辞:地上有水,比。先王以建万国亲诸侯。

【释义】地上有水,这是比卦之象。先王以此懂得建立万国,与诸侯相亲相辅。

【管理之道】地因为水而柔润,水因地而流动,二者相互依附,这是和谐安宁的景象。高管团队尽管处在高位,但不能把自己变成孤家寡人,而是要利用组织赋予的位置和权力,与群众队伍建立密不可分的关系,团结一切可以团结的力量,促成事业的更大发展。

比卦初六爻:有孚比之,无咎,有孚盈缶,终来有它吉。
【释义】以诚信为基础的亲附才不会有问题,就好像坛子里装满了美酒,吸引人们得到意外的惊喜。
【管理之道】团队内部尤其是上下级之间搞好团结,不能建立在欺上瞒下的基础之上。用忽悠的办法虚情假意地收买人心,最终只能是竹篮打水一场空。高管团队应当用饱满诚信之心营造与群众队伍相互亲近依附的良好氛围,这是增强团队凝聚力唯一正确的道路。

比卦六二爻:比之自内,贞吉。
【释义】发自内心地相互亲附,才是真正的和谐吉祥。
【管理之道】团队内部包括上下级之间的亲密团结,应以诚信为基础,以企业文化的基本理念为导向,弘扬企业道德,秉持企业价值观,致力于企业战略目标的实现。要把这些内容内化于心,作为高管团队,就要保持纯正的动机,而不是满脑子功利意识,真心地依靠群众而不是把群众当作工具。

比卦六三爻:比之匪人。
【释义】不要让自己处于无亲近对象的境地。
【管理之道】亲近依附,相互团结,形成强有力的团队,在这一过程中要注意防止两种现象的发生:一是找不到可以亲近、依附、团结的对象,二是亲近依附了不该亲近依附的对象。通俗一点说,就是不能让高管团队成为孤家寡人、光杆司令,也不能被乱七八糟的乌合之众所包围。不能选择错误的亲近对象,"亲君子,远小人"永远是重要的原则。所以,在团队建设中要始终注意树立正气,强化正能量。

比卦六四爻:外比之,贞吉。
【释义】积极寻求可以亲近依附的对象,是正确的做法。
【管理之道】群众队伍应积极向高管团队靠拢,自觉接受高管团队的领导和管理。群众队伍与高管团队之间容不得若即若离,更不能貌合神离。下级服从上级,是团队管理最基本的组织原则之一,上级固然可以通过行政命令的手段指挥下级,但这有可能会演变成强制;如果下级自觉地、积极主动地接受上级的管理,表现出强烈的依附归属愿望,那么执行力就很容易形成。

比卦九五爻:显比,王用三驱,失前禽,邑人不诫,吉。

【释义】以自身光明亲近天下。如天子狩猎,来者不拒,去者不追,以宽宏大量赢得人们的信任和追随。

【管理之道】越是高级的管理者,越应该以自身的素质和魅力获得众人的认可和追随。手中有权,但不做权力的化身;有感召力更要有机制,给愿意干事的人以舞台,给想脱离团队的人以自由。团队内部的团结凝聚是一个选择的过程,道不同不相为谋,把离心离德之人强拉入队伍,往往会对志同道合者造成不安,不利于团队凝聚。

比卦上六爻:比之无首,凶。

【释义】有位无德,既不亲近大家,又无法得到大家亲近,所以结果凶险。

【管理之道】团队内部成员之间、上下级之间,有两种情况值得高度关注:一是有位无德,一是无位无德。前者把自己置于高高在上的地位,自以为是,居高临下,无法得到大家的亲近依附,无法成为真正的群众领袖;后者混迹于群众队伍之中,既不亲近他人,又爱制造事端,严重影响团队氛围,严重一点说就是害群之马。所以,必须加强企业文化建设,提升道德修养水平,贯彻始终,打造和谐融洽、高度凝聚、有执行力的精英团队。

【比卦智慧检验高管团队与群众队伍亲近之道】
管理层是否诚心实意团结群众?
管理层团结群众的动机是什么?
管理层是否一心为公、胸怀大局?
群众是否有追随高层的意识和行为?
群众的德才是否充分显现并得到管理层认可?
群众中是否有迟疑不随之人?

【仿比卦】
初六:手拉手,心连心,精诚团结广大群众。

六二：情相通,利相同,两个文明一起抓。
六三：亲君子,远小人,用机制确保风清气正。
六四：有高德,成众望,相互亲近,壮大力量。
九五：给舞台,给前途,让群众有归属感、成就感。
上六：强技能,重修养,打造有执行力的团队。

第七篇
规则制度系列问题

规则制度系列是指以艮卦为上卦,并按先天卦序排列下卦所形成的八个成卦,即大畜卦、损卦、贲卦、颐卦、蛊卦、蒙卦、艮卦和剥卦,分别阐释制度化管理与领导决策,规章制度与资金管理之道,规章制度建设与生产技术管理之道,制度建设与企业营销及文化建设,规章制度建设与外部资源管理之道,规章制度建设与企业人力资源管理之道,建立健全规章制度的基本原则,以及制度化管理中的高管团队。

第一章

大畜卦：规则制度与领导班子

制度建设是组织管理中的基础建设，又是影响组织发展的重大战略问题，领导层应该把规则、制度、程序化作为关键问题来对待，科学规划，认真实施。

规则制度对领导班子而言，有两个重要的课题，一是领导如何运用制度进行管理，二是领导层如何做好制度建设。

在八卦易象里，规则制度属艮，领导层属乾，二者结合，艮上乾下，即是六十四卦中的山天大畜卦。从卦象看，乾健作为，艮止除恶，意味着严格按规律和制度办事，就能顺利运行、健康发展，取得大的成就。六十四卦易理管理体系中，大畜卦阐释领导层如何进行制度建设。

大畜卦卦辞：利贞，不家食，吉，利涉大川。

【释义】坚守正道，不吃闲饭，施展才华，有所作为，克服艰险，渡过难关。

【管理之道】完善的制度规章体系，相当于给团队每个成员搭建了一个施展才华的舞台，通过科学有效的制度化、程序化安排，把每一个成员置于恰当的位置，使他们都有用武之地。以效率和效益作为评判标准，这样的制度体系可确保不埋没人才，不浪费资源，不错过机会，不耽误事业。

大畜卦大象辞：天在山中，大畜。君子以多识前言往行，以畜其德。

【释义】天在山下，这是大畜卦之象。君子反思得失，以先贤的言行匡正自己，不断完善道德修养。

【管理之道】管理制度体系建设应该从组织自身实际出发，同时又必须具有开放性，虽然不可能博采众家之长，但也要善于借鉴吸收他人的成功做法为己所用，对标管理就是如此。领导者应以科学发展观为指导，不断提高领导水平,不断提升自我修养,不断完善决策机制。

大畜卦初九爻:有厉,利已。

【释义】前方有危险时,最好先停步。

【管理之道】制度建设的第一步,是确立趋利避害机制。这一机制起码包括两方面内容:一是明确标准,根据各部门、各岗位、各环节的具体职责和任务,明确可以做什么和不可以做什么,明确鼓励什么、提倡什么、限制什么、禁绝什么,使每一位成员都能明白在什么情况下该怎样作为;二是迅捷反应,对各种原因引起的过错行为,第一时间发现,第一时间预警,第一时间纠正。

大畜卦九二爻:舆说輹。

【释义】脱去固定车轴的绳子,目的是不让车子前行。

【管理之道】制度建设第二步,是强化约束意识,确立自主约束机制。相对于他律而言,自律往往具有内在的积极性、自主性、自觉性,其对行为主体的约束也要比外在强迫的他律所达到的效果明显高出很多。管理制度体系中有效的约束机制,除了自上而下的监督检查,还应该有各层级、各部门、各岗位、各环节的自查自纠、自检自救。只有把自主约束与外在约束结合起来,把规章制度约束建立在每个成员高水平自我约束的基础之上,这样的约束机制才能发挥积极有效的作用。

大畜卦九三爻:良马逐,利艰贞。日闲舆卫,利有攸往。

【释义】良马相互追逐,在艰难的时候也坚守正道;平日加强驾驭和防卫训练,有利于日后前行。

【管理之道】趋利避害和约束机制确立之后,制度建设的第三步,就是建立风险应对、危机化解机制。由于风险和危机的发生具有不确定性和不可预知性,这就使得任何完备的制度体系都无法穷尽对可能发生的风险危机的应对举措,所以,加强日常制度化管理就显得尤为重要。其实换一个角度看问题,严格按照规章制度做好日常工作,也许正是防范风险、危机的途径之一,《孙子兵法》也强调了同样的观点:"用兵之法,无恃其不来,恃吾有以待之;无恃其不攻,恃吾有所不可攻也。"防范风险,不能幻想不发生风险危机,而应做到当风险危机到来的时候,我们有应对之策。

大畜卦六四爻:童牛之牿,元吉。

【释义】给小牛犄角装上牿木以防伤人,这样的做法一开始就很好。

【管理之道】从制度本身说,重要的在于对行为的引导、规范、约束,而不是惩戒。上医医于未病,规则制度要发挥有效的防范作用,就必须从细节入手,精细化管理离不开精细化制度,只有条文规定细致入微,才能保证制度落地管用、有效。

大畜卦六五爻:豮豕之牙,吉。

【释义】把猪阉割,去其威势,即使有利牙,也不会伤人,所以结果吉利。

【管理之道】管理制度不仅有纠错机制,更应当有"究错之因"机制,不仅能纠正错误行为,更应能深究犯错的原因,这应当有一种机制来保证。对轻视制度、忽视规则或不按程序操作的现象,一定要按照制度规定严加惩戒,但领导层不能满足于就事论事,不能只限于处理有关责任人,而要通过纠错,刨根问底,深度挖掘导致错误发生的根本原因,以此为契机,使团队成员普遍受到教育,并完善管理细则,使同样的问题不再发生。

大畜卦上九爻:何天之衢,亨。

【释义】如天马行空,四通八达,顺畅亨通。

【管理之道】实行全面的、规范的精细化制度管理,是一项细致复杂的系统工程,不可能一蹴而就,不可能毕其功于一役,而是逐步完善、不断提升的过程,更重要的是形成长效机制,确保企业可持续发展,不断取得更大胜利。如果仅仅是应急之用或应付某些检查而做成形式主义的东西,无异于以科学管理之名行伪科学之实,这样的管理制度不仅不会收到正面的促进效果,反而会严重影响组织的正常发展。所以,推行制度化管理,一定要求真务实,并建立起长效机制,奠定组织基业长青的坚实制度基础。

【大畜卦智慧检验制度化管理中的领导之道】
制度是否落实,又是否管用?
是否将制度要求转化为大家的自觉约束?
能否顺利实现常态到"非常态"的转化?
规章制度是否有助于有效纠错?

规章制度能否在纠错的同时做到将错误连根铲除？
是否建立了制度化管理的长效机制？

【仿大畜卦】
初九：制度化管理要确立系统的、一致的是非标准。
九二：制度化管理要有助于调动全体成员的自律意识。
九三：制度化管理风险防范的重点在于做好日常管理。
六四：用精细化的制度条文确保制度化管理落地生根、行之有效。
六五：制度化管理在纠错的同时要消除犯错的根本原因。
上九：制度化管理要确保建立长效机制。

第二章
损卦：规则制度与资金管理

规则制度的权威性在资金管理上可以得到充分检验，也就是说，一个企业的制度规章是否得到了完全有效的贯彻执行，一个很重要的考核内容是企业的资金管理是否规范有序。而实际上，严重的问题并不在于规则的缺失，而是很多情况下一些违规使用资金的行为被规则制度"合法化"，导致牺牲大多数人的利益而满足小部分人的私欲，发生典型的"损下益上"。在八卦易象里，规则属艮，资金属兑，二者结合，艮上兑下，即是六十四卦中的山泽损卦。在六十四卦易理管理体系里，损卦揭示资金的制度化管理。

损卦卦辞：有孚，元吉，无咎，可贞，利有攸往。曷之用，二簋可用享。

【释义】保持诚信，才会大吉大利；要想没有过错，就要坚守正道，这样有利前行。虽说只有两盒食物，也可用来祭祀。

【管理之道】如何取舍，是资金管理必须面对的一个重大问题。当现有资金无法满足所有项目需求的时候，就要做出"丢卒保车"甚至是"舍车保帅"的决定，牺牲眼前利益以确保长远利益，牺牲局部利益以确保全局利益。在这种情况下，有三点必须要做到：保持诚信，不虚伪欺骗；坚守正道，不用原则做交易；化繁为简，用简单的形式解决复杂的问题，节省不必要的开支。

损卦大象辞：山下有泽，损。君子以惩忿窒欲。

【释义】山下有泽，这是损卦之象。君子能够不断戒除自己的不良情绪，不断抑制内心的贪婪欲望。

【管理之道】牺牲一点眼前利益，是为了确保长远利益不受损害。企业领导要善于权衡利弊大小，做出正确选择。尤其要警惕的是不要被情绪绑架，更不能因为要满足一己私欲而损公肥私，做损害组织利益的事情。

损卦初九爻:已事遄往,无咎,酌损之。

【释义】事情做完了,就快速离开,这才不会有过错。必要时也可以选择牺牲一点利益,换取全身而退。

【管理之道】适可而止,不是不作为,也不是半途而废,更不是功亏一篑,而是指在积极作为、建功立业、完成好分内之事的基础上,选择在恰当的时机以恰当的方式离开。资金管理也是如此,一个投资项目结束,在得到预期收益后就要迅速撤出,否则可能会带来意想不到的损失。有时候为了维护整体利益的安全,不妨考虑让渡一部分既得利益。一句话概括:不贪恋。

损卦九二爻:利贞,征凶,弗损益之。

【释义】守正道,有好处;行为过激,会有凶险;不妨选择无损自己而增益对方。

【管理之道】资本的使命在于增值,因此,资金管理很重要的内容就是为资金找到最有利的投资场所。通常,有利的投资机会往往与巨大的风险危机相伴而生,这就需要权衡利弊,趋利避害,如果一时难以辨明情况,就仓促出手,很可能导致血本无归,此时不投资才是最好的选择,没有损失就是创造价值,就是增益。一句话概括:不瞎折腾。

损卦六三爻:三人行,则损一人;一人行,则得其友。

【释义】三个人上行,则要牺牲一个人;一个人下行,则可得到帮助。

这一爻辞,其实就是对损卦"损下益上"的拟人化描述:损卦是地天泰卦"损下益上"变化而来,泰卦下乾三阳损一益上,上坤得一阳而成艮卦,一阴下行使下卦由乾而成兑卦,这就是爻辞所谓"三人行,则损一人;一人行,则得其友"的真正含义。

【管理之道】取舍也需要权衡。资金管理中有时候难免需要在不同项目之间调剂,为了大局,暂时舍弃一些项目,这种不得已的牺牲举动,其实也是创造价值的增益之举。因此,各个项目之间要彼此理解、互相支持,以实现企业整体利益最大化,最大利益长远化。一句话概括:不因小失大。

损卦六四爻:损其疾,使遄有喜,无咎。

【释义】减损自身缺点,使其快速消失,这是令人欣喜的事情,不会有错。

【管理之道】资金管理有时候需要在不同项目之间进行调剂,各个项目之间要彼此理解、相互支持。另一方面,每个项目也要对自己的资金管理进行自查,一旦发现问题,立即采取严厉措施有效改正,用纠错机制创造"增益",这就是所谓的向管理要效益。一句话概括:不自误自污。

损卦六五爻:或益之,十朋之龟,弗克违,元吉。
【释义】有人来增益,送来巨大利益,只有不违背道义,才会有好的结果。
【管理之道】面临资金短缺,处在困难之中,有人施以援手,有人则乘虚而入,以利益输送为诱饵,以帮助为名行损利之事。领导层对此应保持足够的警惕和清醒的判断,运用制度规则有效抵御来自各方面的诱惑,不给"损招"任何可乘之机,这也是"增益"。一句话概括:不被坑蒙骗。

损卦上九爻:弗损益之,无咎,贞吉,利有攸往,得臣无家。
【释义】不减损也能增益,没有过错,坚守正道很吉利,有利于前行。众人臣服,四海一家。
【管理之道】克服困难,做好资金管理,无损即是益。所以要用正确的方法做正确的决策,走正确的道路,积极谋求多赢,这是"增益"的最高境界。一句话概括:不自损自费。

【损卦智慧检验资金的制度化管理之道】
资金管理中是否建立了行之有效的退出机制?
资金管理是否确立了严格的风险评估和管控机制?
资金管理是否有专属管理与内部调剂的协调机制?
资金管理是否有健全的"揪错""纠错""止错"机制?
资金管理是否有对投资信息"过滤""检测"的预警机制?
资金管理是否有全方位科学的系统机制?

【仿损卦】
初九:资金管理要追求投得进、赚得到、转得快、撤得出。
九二:管控好投资项目,不瞎折腾,确保投资不打水漂。
六三:树立全局观念,协调专项资金管理与资金内部调剂的关系。

六四：随时随地自查自纠，确保资金安全、高效运行。
六五：企业利益至上，及时识别和过滤不良信息的诱惑。
上九：统筹规划，多管齐下，强化资金系统化管理。

第三章

贲卦：规则制度与生产技术

从规则的角度审视生产和技术，要求生产和技术必须始终在工艺、流程、标准、规范、秩序、规则之中运行。从这个意义上说，规章制度既是一道防火墙，又是一堵防风墙，前者确保生产和技术始终有章可循而不失控，后者确保生产和技术品纯质优而不被污。

在八卦易象里，规则属艮，生产属离，二者结合，艮上离下，就是六十四卦中的山火贲卦。贲卦之"贲"，本义是指贝壳的光泽，引申为修饰，有文明的意思。规则制度约束，乃是文明的表现，企业经营要追求生产文明、技术文明、营销文明，以此树立企业的美好形象，提升企业的知名度、美誉度。在六十四卦易理管理体系里，贲卦阐释用制度文明推进生产文明。

贲卦卦辞：亨小，利有攸往。

【释义】亨通之运虽小，利在继续坚持。

【管理之道】凡是对企业发展有利的事情，都值得坚持去做。

制度文化是企业文化的重要组成部分，作为软实力，它对企业发展一般不具有立竿见影的作用，但如果坚持不懈、持之以恒，就会使企业的文明生产在日积月累中不断跃升到新的水平。

企业文化建设是长期性的基础建设，不能急功近利，必须持续关注、持续推进、持续加强，久久为功，把外在制度文明转化为企业生产经营的内在素质。

贲卦大象辞：山下有火，贲。君子以明庶政，不敢折狱。

【释义】山在上，火在下，是贲卦之象。君子于此领悟到明察日常事务，不敢主观臆断，以免决策错误。

【管理之道】构建企业文化，倡导文明建设，推进文明生产，不是一朝一夕就能立竿见影的事情,所以领导应该心明眼亮,对组织情况变化洞若观火、明察秋毫,对日常事务运行了如指掌,不主观臆断,不自以为是,以避免做出错误决策。这样从实际出发形成的思想、做出的决策、出台的举措,也有助于解决实际问题,也更能解决实质问题。

贲卦初九爻:贲其趾,舍车而徒。

【释义】文明从行为开始,徒步而行而不是借助车轮。

【管理之道】制度规则当从规范员工行为举止开始。让人人懂得脚踏实地的基本道理,用实实在在的行动而不是投机取巧的行为进行生产和技术活动。

贲卦六二爻:贲其须。

【释义】修饰面部仪容。

【管理之道】于个人而言,注重仪容仪表,力争"第一印象"完美无缺,有助于展现良好的个人形象;于企业而言,文明建设有助于树立良好的社会形象。

文明生产,不是装门面,但要清洁门面;不是作秀,但要厂容厂貌景秀;不是为了给别人看,但一定要让自己赏心悦目。

贲卦九三爻:贲如濡如,永贞吉。

【释义】可以修饰得温润,始终坚守正道,最终获得吉祥。

【管理之道】文明建设是内外兼修的事情,从约束行为开始,最终是为了改变人的心境、心态。企业文化建设和制度文化的确立,也应以改变员工心态为最高境界,坚持用正确的价值观塑造灵魂,做到正义在胸、气质在身,对生产技术的规则、标准有敬畏之心、遵循之行。

贲卦六四爻:贲如皤如,白马翰如,匪寇婚媾。

【释义】修饰得朴素如白,赢得他人青睐,如同骑着白马前来求婚。

【管理之道】文化是一种软实力,但能带来实实在在的利益。

包括制度文化在内的企业文化建设,最终也会极大改变企业成员的精神面貌。完善个人道德修养,强化职业素质,提升团队凝聚力,所有这一切都会赢得大众认可,也会给企业带来实实在在的效益。

贲卦六五爻：贲于丘园，束帛戋戋，吝，终吉。

【释义】修饰家园，花费不要太多，看似吝啬，终获吉祥。

【管理之道】文化建设是舍末逐本的回归，从外表华丽回归环境朴素，从喧嚣浮躁回归恬静淡雅。

包括制度文化在内的企业文化建设也要顺应文化发展趋势，重视品牌，更重视品质；不务虚华，不求奢侈；崇尚自然之美，以简单的形式包含丰富的内容。

贲卦上九爻：白贲，无咎。

【释义】修饰到至真至纯，没有任何色彩，也不会有任何祸患。

【管理之道】文化的至高境界是返璞归真，文化的至纯状态是不用色彩，文化的至厚表现是远离祸患。

包括制度文化在内的企业文化建设，以问题导向、行为约束开始，从让人"看得见、听得到、说得出"的形式入手，逐步深入，最终以本质导向、精神提升为结果，让一切礼仪化为无形，使一切的外在约束变成大家自觉的行为选择。

这样的企业文化建设一定是成功的、卓有成效的，也是能够攻坚克难的。

【贲卦智慧检验如何让制度约束成为一种自觉文明的习惯】

如何以规则制度防范投机取巧、弄虚作假的行为？

如何实现制度文化从外在形式到内在素质的转化？

如何实现企业价值观与生产技术标准规范的统一？

如何让制度文化建设发挥强大的社会影响力？

如何不断为制度文化注入丰富多彩的内容？

如何把文化建设"活动一阵风"转化为"永远在路上"的工作机制？

【仿贲卦】

初九：提倡求真务实，拒绝弄虚作假。

六二：务求形神兼备，形象基于品质。

九三：以企业价值观为核心，推进制度文化建设。

六四：以助力发展为目标，彰显企业文化魅力。

六五：重品牌更重品质，为利益更为价值。

上九：把约束变成自觉的习惯。

第四章

颐卦：规则制度与营销宣传

在八卦易象里，规则制度属艮，营销宣传属震，二者结合，艮上震下，即是六十四卦中的山雷颐卦。颐卦之"颐"，是供养的意思，在六十四卦易理管理体系里，颐卦阐释通过营销和宣传实现生产和服务创造的价值，用规则制度的约束确保有害成分不进入企业经营，不影响营销宣传。颐卦重在强调用制度约束营销宣传。

颐卦卦辞：贞吉，观颐，自求口实。

【释义】守正得吉，关注养生之道，确保自身健康。

【管理之道】规章制度和营销宣传，都是为了促进企业的健康发展，所以，二者的确立有一个共同的原则，那就是以企业价值观为指导和基本遵循。同时，也可以学习和借鉴别的企业的做法，用以完善自己的制度体制建设和营销宣传。

颐卦大象辞：山下有雷，颐。君子以慎言语，节饮食。

【释义】山下有雷，是颐卦之象。君子深深体悟到言语谨慎、节制饮食这一重要的养生之道。

【管理之道】营销宣传就是企业对社会的宣言，必须确保客观、真实、准确，不能闪烁其词，不能有虚妄之辞。这样的营销宣传能有效避免给企业造成"祸从口出"的后果。同时，企业规章制度就是防火墙，在约束营销宣传活动不出现偏差的同时，也确保营销宣传活动不受到外来不健康因素的侵扰和伤害，有效防止"病从口入"。

颐卦初九爻：舍尔灵龟，观我朵颐，凶。

【释义】不考虑自身实际,一味跟着别人说的去做,是很危险的!

【管理之道】实事求是是一个很伟大的原则,因为它是一条规律:一切从自己的实际出发,只有适合自己的才是最好的。

企业营销宣传也是这样,别人的所有做法对自己只有参考和借鉴意义,而不能照搬照抄,更不能简单移植、直接套用。如果要做出取舍,就必须坚持做自己最专业的事情,只追求属于自己的可取利益。

颐卦六二爻:颠颐,拂经于丘颐,征凶。

【释义】欺下得养和乞上求养的做法都不符合常理,照此行动必有凶险。

【管理之道】企业营销宣传活动必须始终坚持"以我为主"的原则,既不弄虚作假欺骗客户和公众,也不故作姿态乞求上级组织出手相助。

坚持用正确的方法途径传递正确的信息,应该成为企业营销宣传相关规则制度中的重要原则。

颐卦六三爻:拂颐贞凶,十年勿用,无攸利。

【释义】用违背常理的做法固然可以一时获利,但最终隐藏着巨大的凶险;长此以往,根本就无利可言。

【管理之道】企业营销宣传活动,有着强烈的逐利色彩,是典型的利益导向,所以用效益指标考核、衡量营销宣传活动是规则制度的应有之义,但要防止出现用非正常手段获利。

要想实现健康、可持续发展,就容不得半点歪门邪道,既要有利益导向追求效益,更要有价值导向确保方向不偏。

颐卦六四爻:颠颐,吉,虎视眈眈,其欲逐逐,无咎。

【释义】向下寻求颐养,吉利;虎视眈眈,持续专注,确保不发生意外。

【管理之道】企业营销宣传坚持面向大众、面向客户、面向基层,向下寻求利益增长点,应该是有利可图的正确选择。

目标客户就在那里,如果营销宣传持续关注一点,锲而不舍地坚持,与时俱进地改善,推陈出新地刺激,以变应变地满足,那么,这些目标客户就一定会成为企业稳定的利益增长点。

颐卦六五爻：拂经，居贞吉，不可涉大川。

【释义】违背常理之际，只有居正才会吉祥，而且不宜有大的举动。

【管理之道】企业领导应当通过一系列的规章制度对包括营销宣传在内的经营活动进行有效的监督管理，发现问题及时处理。

营销宣传活动中的任何错误做法，都必须在第一时间得到纠正，使其回归正道，这样才不会因小失大，才不会导致严重后果。同时，要做到量力而行、尽力而为，永远不做力所不能及的事情，不谋求不属于自己的利益。

颐卦上九爻：由颐，厉，吉，利涉大川。

【释义】有能力颐养，有困难也不可怕，可以采取行动。

【管理之道】企业营销宣传活动为企业带来丰厚的盈利回报，使企业在发展经营上有了更大的自由选择。

越是在这个时候，越要保持忧患意识，越要坚持问题导向，越要保持科学态度，越要采取周密筹划，这样才不会在出现意想不到的危机时，对企业正常经营造成大的影响。

【颐卦智慧检验企业规章制度对营销宣传的制约】
企业自身影响营销宣传活动的基本因素有哪些？
用什么确保营销宣传活动从实际出发、以我为主？
如何实现价值导向与利益导向的有机统一？
如何确立营销宣传活动的利益增长点？
如何确保第一时间纠正营销宣传活动中的偏差？
如何把利益转化为发展的新动力？

【仿颐卦】
初九：从企业实际出发谋划营销宣传活动。
六二：坚持以我为主，求真务实，不欺下瞒上，不弄虚作假。
六三：用企业价值观统领营销宣传活动，杜绝歪门邪道的做法。
六四：科学分析，促进营销宣传立足点向企业利益增长点的有效转变。
六五：发挥机制作用，第一时间预警问题，第一时间纠错纠偏。
上九：建立可持续发展的机制体系。

第五章
蛊卦：规则制度与公众管理

规章制度从无到有,不断完善,在企业生产经营中发挥巨大的约束作用,但这些规章制度对于企业外部资源起什么作用呢？尤其是作为企业的高人、贵人,在规章制度遭到干扰和破坏的情况下,应该怎么做呢？

在八卦易象里,规则制度与公众管理,前者属艮,后者属巽,二者结合,上艮下巽,即是六十四卦中的山风蛊卦。在六十四卦易理管理体系里,蛊卦阐释面对规矩遭到破坏时企业的外部智力资源应该怎么办。

蛊卦卦辞：蛊,元亨；利涉大川。先甲三日,后甲三日。

【释义】蛊卦所要揭示的是,一开始有良好的开始和顺利的发展,有利于采取积极行动以克服遇到的困难。同时要注意事物发展变化的趋势,做好事先和事中的风险防范。

【管理之道】常言道：良好的开端是成功的一半。但是一开始亨通无阻,并不意味着永远顺利。今天能克服前进中遇到的困难,并不代表明天还能顺利过关。危机伴随着成功,风险始终存在,因此,作为组织的高人、贵人,应当起到参谋和顾问的作用,未雨绸缪,及时向组织领导发出预警信息,以便组织采取行动,防患于未然。

蛊卦大象辞：山下有风,蛊。君子以振民育德。

【释义】艮上巽下,是山下有风之象,这是蛊卦。君子人物由此领悟到要振奋民风、培育德行。

【管理之道】规章制度是企业文化的重要组成部分,因此,作为组织的高人、贵人,在指出组织内一切违反制度的行为和现象,规范成员行为举止的同时,重点是振奋精神、鼓舞士气、培育道德、弘扬正气、传递正能量。

蛊卦初六爻：干父之蛊，有子，考无咎。厉终吉。

【释义】儿子很能干，纠正了父亲遗留下的过错，因而避免了灾咎的发生，虽历经艰险，但最终结果吉祥平安。

【管理之道】违规之举出现之初，就当重拳出击，不使其滋生蔓延。尤其是当这种违规的根源不在基层而在领导层的时候，作为组织的高参贵人，更应该当头棒喝，使之警醒，回到遵章守纪的正确轨道上来，避免给组织带来毁灭性灾难后果。高参贵人不仅要善于发现组织的问题，更要敢于直面高层的过错。

蛊卦九二爻：干母之蛊，不可贞。

【释义】纠正母亲的过错，不可太过苛责。

【管理之道】同样是违规之举，也要区别对待，就好比做手术，一定要切一刀，但不能搞成"一刀切"。对于组织中一些程度较轻的错误，可以采取比较温和的方式方法来处理，争取使其向好的方面转化，如果一味严厉苛责，反而可能激化矛盾。纠正错误，区别对待，讲求策略，以柔克刚，这是一种智慧。纠错，不仅出发点要正确，而且要注意方式方法，这是对高参贵人能力水平的考验。

蛊卦九三爻：干父之蛊，小有悔，无大咎。

【释义】纠正父辈的过错，难免会有小小的悔恨，但是没有大的错误。

【管理之道】纠错纠偏，尤其是纠正领导层的偏与错，更要讲求方式方法。纠正来自中下层的错误，常常能够立竿见影，朝夕之间收到成效，这是因为有高层施压；纠正领导层的错误，需要更多的理智和耐心，因为有"面子"问题。在纠错的过程中要避免刺激高层的自尊，谨防其可能做出情绪化的极端决策，而在纠错的过程中走错步子。不允许将错就错，更不能一错再错、错上加错。

蛊卦六四爻：裕父之蛊，往见吝。

【释义】不恰当地宽容父辈的过错，这样前行往往会招致羞辱。

【管理之道】纠偏纠错、治理腐败，既要敢于出重拳，又要能够区别对待；既要保全领导层的面子，又不能太过宽容。失去原则的宽容，不利于正本清源,无助于追根究底。如果浮光掠影、隔靴搔痒,不触及领导层过错的根本,只会是轰轰烈烈地走了过场,最终错误依旧。这对身处高参位置的人而言,无异于自取其辱,实质上是严重失职。因此,高参贵人面对制度规则的权威性,在原则问题上不含糊、不让步、不走过场、不做交易,是基本的职业操守。

蛊卦六五爻:干父之蛊,用誉。

【释义】纠正父辈的过错,要善于任用贤能之士。

【管理之道】如果高参贵人经过理性而富有智慧的努力,与高层达成一致共识,那么,把纠错与人事调整结合起来就是自然而然、顺理成章的事情。纠错,必然涉及清理组织,很可能会有人被扫地出门,腾出来的位子正好补充给德才兼备之人。通过清理之后的选贤用能,提升团队的整体素质和能力,借以增强团队防范错误、抵御腐败的免疫力。给贤能之人应有的位置和待遇,是纠错之后的必然选择。

蛊卦上九爻:不事王侯,高尚其事。

【释义】不侍奉王侯,身处事外,保持志向高尚,洁身自好。

【管理之道】作为组织的高参贵人,一定要有超然处世的态度。既要一心一意为组织的健康发展建言献策,又要善于处身事外,做到旁观者清。尤其要注意时刻保持人格的独立和思想的自由,不与组织领导层的个人结盟形成小团体。

【蛊卦智慧检验高参贵人纠偏纠错之道】

源头治理,关注高层,发现过错,立即指出;

区别对待,有的放矢,帮其改正,治病救人;

理性分析,智慧沟通,保其自尊,促其自省;

正本清源,坚持原则,操守至上,不做交易;

建言献策,清理组织,选贤用能,提升素质;

鞠躬尽瘁,一心一意,超然独立,洁身自好。

【仿蛊卦】

初六:直面组织过错,直言不讳地发表真知灼见。

九二：善于提供不同意见，以利于领导层正确决策。

九三：善于智慧地指出领导层的过错，保其自尊又促其自省。

六四：处事有度，大是大非不糊涂，原则面前不让步。

六五：有效帮助领导清理队伍、纯洁组织、选贤用能。

上九：洁身自好，人格独立，服务组织，不与领导个人结盟。

第六章
蒙卦：规则制度与群众队伍

制度规则设立之初，对于群众队伍而言，一项十分重要的工作任务就是宣传教育，一定要让广大群众了解制度规则、熟悉制度规则、认同制度规则、遵守制度规则，最终把制度规则的外在约束变成大家的自觉行动。

在八卦易象里，规则制度属艮，群众队伍属坎，二者结合，艮上坎下，即是六十四卦中的山水蒙卦。在六十四卦易理管理体系中，蒙卦阐释如何做好规章制度在群众中的宣传工作。

蒙卦卦辞：蒙，亨。匪我求童蒙，童蒙求我。初筮告，再三渎，渎则不告，利贞。

【释义】蒙昧的状态，最终能亨通。不是主动施教启蒙，而是主动求教开蒙。要自觉接受而不是怀疑，并沿着正确的道路走下去。

【管理之道】从无序走向有序，从混乱走向治理，从混沌蒙昧走向清晰明了，正是组织管理所追求的结果，也是规章制度订立之后要经历的变化趋势。让组织成员接受规章制度的约束，不能仅仅依赖上级管理的督导，更重要的是使广大成员有主动接受的积极愿望和自觉行动。通过不断学习，加深理解，不再以抵触和怀疑的情绪对待规章制度，最终形成遵章守纪的良好习惯。

蒙卦大象辞：山下出泉，蒙。君子以果行育德。

【释义】艮上坎下，如山下出泉，这是蒙卦之象。君子人物仿此现象，施教启蒙，培育品德。

【管理之道】遵章守纪的最高境界是习惯养成，这既有赖于个人的道德修养，又离不开严格的约束。通过一定的严格要求，借助一定的规范形式，持续不断地行动，促其良好习惯的最终养成。

蒙卦初六爻：发蒙，利用刑人，用说桎梏，以往吝。

【释义】启蒙之始就当严格要求，若不加约束，以后难免遭受羞辱。

【管理之道】教育是循循善诱的过程，但不能没有要求，规章制度的宣贯，本身就是规则规范的确立，更需要严格要求。从一开始就明确军令如山、令行禁止，不得视规章制度为儿戏，不允许在规章制度面前各行其是。只有这样才会使组织成员少犯错误，才能为全面推行有效的制度化管理奠定坚实的基础。以人为本不是不讲规则和要求。

蒙卦九二爻：包蒙吉，纳妇吉，子克家。

【释义】包容并接纳大家，经过宣传启蒙，胜任工作。

【管理之道】从规章制度的宣贯，扩大到整个企业文化理念的宣贯，要以提高组织成员的道德修养、敬业精神、工作能力、技术水平为最终目的。把人文情怀贯穿于企业文化建设之中，培养广大群众的仁爱精神、博大胸怀和包容境界，就是为了把大家培养成全面合格的高素质的职业工作者。企业文化包括各项规章制度在内，最终都要转化为实实在在的真功夫、硬实力。

蒙卦六三爻：勿用取女，见金夫，不有躬，无攸利。

【释义】身处进退两难的境地，如果选择错误，对自身不利。

【管理之道】包括规章制度在内的企业文化，是积极向上的追求，对组织成员进行制度规则宣贯，不能只注重规则条文的解读，而是要以制度精神、规则意识、文化理念为本，让大家树立正确的价值观、道德观，学会在面对巨大诱惑时做出正确选择，提倡见贤思齐，反对见异思迁。

蒙卦六四爻：困蒙，吝。

【释义】困在蒙昧之中，难免遭受羞辱。

【管理之道】所有的规章制度都是为了有效解决问题，因此，制度规则的制定一定要从实际出发，既要避免标语口号式的假大空，也要防止不切实际、高不可攀、无法实现的规定，因为这样的规章制度要么很空洞，要么形同虚设，令人尴尬。好的规章制度一定是有效的、管用的、能解决问题的规章制度。

蒙卦六五爻：童蒙，吉。

【释义】童心纯一,吉利。

【管理之道】领导主持制定规章制度,一定要强化团队意识,而不是削弱团队凝聚力。科学有效的规章制度,是为了团结志同道合者一起作为,而不是以规则之名使大家人人自危。领导应能至诚任贤,用规章制度确保为有志之人、有德之人、有才之人、有为之人提供建功立业的环境舞台和机会条件。

蒙卦上九爻:击蒙,不利为寇,利御寇。

【释义】采取严厉措施,不一定有利于启蒙,但有利于抵御外来诱惑。

【管理之道】建立全面有效的规章制度不可能一蹴而就,教育、熏陶、建章立制、习惯养成,都应有序、有度进行,不可操之过急。用短平快的方式方法可以在短时间内强化印象、加深记忆,但思想的转变、观念的确立乃至习惯的养成,则一定是长时间坚持不懈、持之以恒的结果。制度化管理,既是规章制度不断完善的过程,也是组织成员思想认识逐渐升华的过程。

【蒙卦智慧检验规章制度建设与群众教育之道】
规则如刚,严格要求,法无权威,贻害无穷;
企业文化美化心灵,企业人员德能兼备;
鼓励见贤思齐,反对见异思迁;
制度建设,重在惩前毖后,不以惩罚为本;
制度建设追求团队合作,不鼓励独行江湖;
制度建设有序推进,随时解决遇到的问题。

【仿蒙卦】
初六:确立规则如山的意识,制度就是不能触碰的高压线。
九二:制度规则的目标指向是培养德能兼备的职业工作者。
六三:把正确的道德观、价值观植入规章制度,引导大家正确选择。
六四:规章制度既要符合组织实际,又能惩前毖后。
六五:规章制度既追求团队合作、反对独行江湖,又为每个成员提供建功立业、成就梦想的舞台和机会。
上九:规章制度的针对性和有效性,就是要把行为约束与方向引领相结合,实现外在强制与内在自觉的完美统一。

第七章

艮卦：建立健全规章制度的基本原则

艮卦以山为象，自古就有"军令如山"的说法，人们用山来表现长期稳定、不可动摇的事情。规章制度对一个企业的全体成员而言，就是坚定如山、不可动摇、必须遵守的约束标准。欲达令行禁止，必须制度如山。贯彻规章制度毫不动摇，执行规章制度不打折扣，严格做到制度化管理、规则化操作、程序化运行。

艮卦卦辞：艮其背，不获其身。行其庭，不见其人。无咎。

【释义】心不动，身就不会动；心不动，即使走入庭院，也不会受他人影响。做到这样的程度，自然不会招来灾咎。

【管理之道】在组织管理中，要确立各项规章制度不可动摇的权威性。

之所以要订立各项规章制度，目的不是要限制人们的行为，而是为了保证事业健康顺利发展。规章制度同时具有"令行"与"禁止"的要求，人们只要按照这一要求去做，就不会犯错误。

深层次分析可以发现，所有好的管理、优秀的管理、卓越的管理，一个很重要的标志，就是人们对规章制度的敬畏和自觉践行。在各项规章制度面前，人们不是被动接受和单纯的惊恐畏惧，而是心存敬意，对规章制度不会有丝毫想要挑衅的欲望，因而能积极主动地贯彻执行。

艮卦大象辞：兼山，艮。君子以思不出其位。

【释义】山连山，是艮卦之象。每一位领导者都应当做好自己分内之事，而不过多干预分外之事。

【管理之道】规章制度是一种界定，是对各个岗位职责的划分和界定。用系统的规章制度和科学的流程设计，清晰、准确地划分每一个成员在各自岗位上应该完成的工作、应该承担的责任,以及应该拥有的权利和应该获得的利益。

有效的制度化管理,在于使每一个人明白自己该做什么和不该做什么,在于确立了"不撞高压线、不踩底线、不越边线、不失战线"的自律理念,在于养成自觉按制度、规则、程序办事的习惯。一个优秀的团队,每个成员都能做到当进则进,当止则止,约束自己,按程序办事,积极主动工作。

艮卦初六爻:艮其趾,无咎,利永贞。

【释义】让脚停住,就不会有行动,应始终坚守正直。

【管理之道】规章制度不是捆缚手脚的工具,但制度化管理一定从约束人们的行为开始。只要行为不出错,结果就不会出错。然后在这个基础上,使制度化管理成为企业文化的重要内容,从而熏陶其心理、鼓舞其精神、影响其思维、改变其行为、开阔其视野、提升其道德,确保走正道、做有效的事。

有效的制度化管理往往从约束和统一人们的行为开始。

艮卦六二爻:艮其腓,不拯其随,其心不快。

【释义】腿部停止动作,但不能改变上层运动的现状,内心不高兴。

【管理之道】制度化管理,强调一切行动听指挥,命令指向哪里,行动跟进到哪里。但有时候,由于种种原因,导致来自上层的指令与实际并不符合,或者本身就是错误指令。如果听从指令,明显会导致错误发生,造成损失。而如果不服从指令,又会使自己处于抗命不遵的地步。这种两难情况下,到底该怎么选择?如果简单一句话"理解的执行,不理解的也要执行",看似有道理,其结果却是不负责任;如果不执行,又容易出现管理混乱、指挥不灵的局面。所以,最有效的办法就是建立起反馈纠错机制,允许下层在接到上层指令后有权反映指令的不合理之处甚至是错误所在,允许下层在接到新的指令前不采取行动。

尽管理论上可以界定和区分决策错误与执行错误的不同,执行者没有必要为决策错误承担责任,可是要执行一个明显错误的指令,必定会在心里产生闷闷不乐的情绪,要解决这一严重的矛盾,关键是上下层彼此都不能太任性、太自以为是,要走出情绪影响的误区,从实际出发,实话实说,反映实情,表达实愿。下层敢于直言以谏,上层善于纳谏,如此闻过即改、从善如流,确保上下一心共谋发展。这才是皆大欢喜的良好局面。

艮卦九三爻：艮其限，列其夤，厉薰心。

【释义】停在上下之间，如同人的腰部不能自由活动，割裂脊背，损伤肌肉，严重一些还会影响到心脏。

【管理之道】规章制度要靠人去实施，中层管理者承担着重要的职责。如果中层管理者不在状态，不能很好地承担其职责，就会形成组织管理中的"中梗阻"现象，成为横亘在上下层之间的严重障碍，阻断和割裂上下层之间的有机联系，消减和破坏整个组织的凝聚力和执行力，这是一种极其危险的状态，必须引起高度重视并有效加以解决。

整肃管理团队，要从打击和消除"庸政、怠政、懒政、为官不为"入手，强化管理者的职责意识、服务意识、大局意识、职业意识，建立全方位的监督机制和全面的绩效考核体系，使他们真正成为制度化管理的引领者、推动者、践行者。

艮卦六四爻：艮其身，无咎。

【释义】身体停止动作，不会有灾咎。

【管理之道】发自内心的决定，知道自己为什么要停止，知道哪些事不可为，这其实就是一种自觉的行为选择。当一个人能够把规章制度的外在约束变成自觉行为的时候，就意味着他已经养成了遵章守纪的良好习惯。这样，不管他做一些事还是不做另一些事，都不会有问题，都是正确选择。

懂得身随心念，本分而为；自觉从实际出发，循章而为；不为利诱，无妄而为。规章制度完全入脑入心，内化为理念坚定，外化为行为自觉，这应该是制度文化最好的体现之一。

艮卦六五爻：艮其辅，言有序，悔亡。

【释义】管住嘴巴，说话注意时机，可以防止语言失误带来的懊悔。

【管理之道】领导对待规章制度的态度和行为，常常会影响和引导组织成员的风气。尤其要注意在公开场合审慎表达自己对组织所施行的规章制度的看法，谨防出言不慎、祸从口出，谨防表态不当、误导大家。如果一定要表态，就要确保自己言之有理、言之有据、言之在道。

针对一时难以决断的问题,应当充分发扬民主精神,在广泛听取各方面意见和建议后形成自己的观点,这样有助于做出符合实际、经得起检验、有利于发展的决策。

艮卦上九爻:敦艮,吉。

【释义】敦厚笃实地止滞,是吉利的。

【管理之道】对规章制度的敬畏,不在一时一事,而在始终全面;不在虚言敷衍,而在笃实践行;不在形式作秀,而在内涵强化。

推行有效的制度化管理,贵在持之以恒、贯彻始终,重在强化过程、抓好细节,唯有慎终如始,方得尽善尽美。

【艮卦智慧检验制度化管理之道】

机制控制和自我控制怎样更好发挥作用?

为什么说控制行为的关键是控制内心欲念?

如何区分决策错误与执行错误?

如何防范自以为是、自作主张、自我膨胀之人、之行?

如何提合理化建议?如何发扬民主集思广益?

怎样强化过程管理,坚持始终,做到尽善尽美?

【仿艮卦】

初六:制定行为规范,坚决贯彻执行。

六二:确立信息反馈机制和及时纠偏机制,在第一时间中止错误指令,避免造成损失。

九三:加强对中层管理者的监督和考核,谨防其不作为导致"中梗阻"。

六四:有效持续宣贯,使规章制度入耳入眼、入心入脑、行为再现。

六五:领导层要谨慎表态,不因个人意志和好恶而改变规章制度。

上九:用文化为制度化管理奠基,用道德自律实现令行禁止。

第八章

剥卦：规则制度与高管团队

规则如山，只有在规则制度面前懂得令行禁止，才能实现制度化管理。企业高管更应该明白这个道理，做自觉维护制度权威的模范，做自觉践行规则制度的楷模。相反，如果管理有漏洞，高管往往成为组织内部的"蛀虫"，贪腐由此而发。当制度失去对高管的约束，会形成巨大的毁灭力量。

在八卦易象里，规则制度属于艮，高管团队属于坤，二者结合，艮上坤下，就是六十四卦中的山地剥卦。山地剥卦之"剥"，本义是指剥落、剥蚀，也可以引申为"金玉其外，败絮其中"的内部贪腐。

贪腐之所以能够发生，一个很重要的原因在于制度约束有漏洞。如果高管团队面对制度规则的令行禁止而明知故犯，肆意践踏规章制度，也会产生很严重的后果。而由于这种败象发生在上层，不大容易被人识破，所以具有更大的毁灭力量，对此一定要保持高度的警觉。在六十四卦易理管理体系中，剥卦揭示规章制度对高管团队的约束之道。

剥卦卦辞：剥，不利有攸往。

【释义】剥落之象，不利的事情正在发生，不可前往。

【管理之道】高管团队严重侵蚀规章制度，有人借此损公肥私、中饱私囊，但毕竟是极其严重的错误之举，所以，最好不要在这个时候心生贪念而有所往、有所图。

剥卦大象辞：山附于地，剥。上以厚下，安宅。

【释义】高山依附于大地，山在地上，这是剥卦之象。在上者应该懂得打牢基础才可安稳的道理。

【管理之道】高管团队也应对规章制度保持敬畏之心、遵从之行，从自身做起,只有打牢自身基础,才能安然屹立。

剥卦初六爻:剥床以足,蔑,贞凶。

【释义】剥落之象从脚底下发生,不引起重视,真的很危险。

【管理之道】高管团队很重要的职责,就是善于发现问题,正如坤卦初六爻所言,要具有能从地上有霜预见到寒冷冬天就要来临的敏锐,只有这样,才能防患于未然。忽视任何细微的过失,都可能使错误迅速蔓延开来,引发更大的灾难。

剥卦六二爻:剥床以辨,蔑,贞凶。

【释义】剥落之象进一步发展,再不重视,会更危险。

【管理之道】如果高管团队对组织内部初生的错误没有引起足够的重视,任其蔓延,就有可能威胁最高领导者,导致整个事业的发展受到严重影响。

剥卦六三爻:剥之,无咎。

【释义】因为主动剥离与小人的瓜葛,所以不会招来祸患。

【管理之道】高管成员在内部贪腐成风的环境中,如果能把握自己,独善其身,洁身自好,不与贪腐之人同流合污,亦不失为防错避灾之举。

剥卦六四爻:剥床以肤,凶。

【释义】剥落之象越发严重,犹如疾病染身,很凶险了。

【管理之道】在制度化管理中,一个很重要的方面就是用切实可行的制度规则约束高管团队,使其避免祸患加身。高管团队上连领导层,下接群众队伍,承上启下,十分重要,如果高管团队出现问题,对上可干扰和威胁领导层,对下可带坏群众队伍,败坏整个组织的风气,其后果不堪设想。

剥卦六五爻:贯鱼,以宫人宠,无不利。

【释义】保持秩序,鱼贯而入,就像嫔妃依次承受君王宠爱,没有不好的事情发生。

【管理之道】领导层有责任保护高管团队成员,严防其发生错误就是对他们最好的职业保护。所以要注意发挥规章制度的约束作用,强化高管团队的责任使命意识,并为其有序有效地开展工作创造良好的环境。

剥卦上九爻:硕果不食,君子得舆,小人剥庐。

【释义】剥落至极,上有一阳仅存,如果是君子,可得到拥戴;如果是小人,就会无立身之地。

【管理之道】只要还有机制活力,基本的规章制度还在,就一定能重新发挥作用。这个时候要有壮士断腕的决心,打大老虎要敢于动真格,用制度规则对高管团队中的贪腐之人进行严厉惩戒,尤其是对于高管成员的违规、违纪、违法行为要零容忍。管住"关键少数",就能引领团队风气越来越风清气正。

【剥卦智慧检验规章制度约束高管团队之道】
是否对高管进行有效的、防微杜渐的诫勉?
是否对高管贪腐听之任之?
是否有独善其身者与贪腐行为划清界限?
是否有制度化的安排确保组织利益不受损害,不使个人贪腐演变成普遍贪腐?
是否用制度确保高管的职业生涯可持续发展?
是否敢于动真格打掉"大老虎"?

【仿剥卦】
初六:不放过任何违反规章制度的行为。
六二:加强对高管团队的内部监督和管理。
六三:高管成员要加强自身道德修养,确保不走邪路。
六四:建立有效防范高管团队犯错误的规章制度。
六五:领导层要关心高管成员,为他们有序工作创造条件。
上九:打"大老虎",既要有决心,又要有举措。

第八篇
高管团队管理系列问题

在易理管理思想应用体系里,高管团队管理系列,是指以坤卦为上卦,并按先天卦序排列下卦所形成的八个成卦,即泰卦、临卦、明夷卦、复卦、升卦、师卦、谦卦和坤卦,分别阐释高管团队与领导班子,高管团队与资金管理之道,高管团队与生产技术管理之道,高管团队与企业营销及文化建设,高管团队与外部智力资源管理之道,高管团队与人力资源管理之道,高管团队与制度建设之道,以及高管团队自身建设与管理的基本原则。

第一章

泰卦：高管团队与领导班子

高管团队与领导层融通交流、共谋发展的良好关系堪比一幅美丽的图画，根据八卦易象排列组合，高管团队在坤，领导层在乾，二者结合，坤上乾下，即是六十四卦中的地天泰卦。

地天泰卦，寓意天地交，阴阳和，亨通太平，一派吉祥。所以，在六十四卦易理应用体系里，泰卦揭示高管团队与领导层相互融通、生机勃勃的基本道理。

泰卦卦辞：小往大来。吉亨。

【释义】阴气下降，阳气上升，这就是"小往大来"。因为天地相交，所以吉祥，所以亨通。

【管理之道】领导层和高管团队就是组织中的乾坤天地，只有二者相互交流沟通，才会和谐，才会融洽，才会协调发展。领导层礼敬高管团队，高管团队竭诚待上，彼此心心相印，就会生机勃勃。同时在组织内部形成"能者上，平者让，庸者降"的机制，把机会和平台留给能干事的人，这就是"小往大来"的基本道理。

泰卦大象辞：天地交，泰。后以财成天地之道，辅相天地之宜，以左右民。

【释义】天地相交，安泰之象。领导懂得利用天地相交的道理，促成上下交流协调发展，弥补彼此不足，使各得其所、各遂所愿。

【管理之道】天地相交、阴阳相和，这是万物得以健康成长、顺利发展的基本前提，领导层在处理与高管团队关系的时候，就应当运用天地相交之理，使领导层的恩泽和愿景完全覆盖高管团队，使高管团队在领导层意志的引领下各司其职、各尽其能。领导层还要善于发挥自身作用，及时发现并纠正高管团队的弱点和缺点,不断强化高管团队的核心能力,从而使整个组织处于健康发展的良好状态。

泰卦初九爻:拔茅茹以其汇,征吉。

【释义】拔茅草连带着把根也拔出来,前行有利。

【管理之道】当组织内部上下融通、交流顺畅的时候,往往也是一心一意、同心同德的时候,在这样的状态下,领导层最需要做的就是紧密团结志同道合者共同前进,因为这是最有利的选择。人们常说抓住机会"趁势而上",这个"势"显然也包括组织内部上下融通的态势,利用好这个态势可以创造更好的结局。

泰卦九二爻:包荒,用冯河,不遐遗,朋亡,得尚于中行。

【释义】包容大度,果敢不惧,远恩莫忘,不结党朋,这样的品德就配得上中庸之道。

【管理之道】利用上下一心交流融通的时机,打造优秀的高管团队,对高管团队建设提出明确的基本要求:成员之间彼此包容;面对工作敢于担当,善于行动,富有牺牲精神;对组织有感恩情怀;光明磊落,不结党营私;理智决策而无极端之举。

泰卦九三爻:无平不陂,无往不复,艰贞无咎,勿恤其孚,于食有福。

【释义】平坦变倾斜,困难出现,守正才会没有过失。莫要担心自己的诚信,诚信自有好的回报。

【管理之道】当局面出现反复,当事情发生逆转,当状态变得不妙,越发需要领导层和高管团队之间积极交流,共商大计,这时候要不畏坎坷,自信而努力。彼此信任是基础,坚守正道是根本。不因为情况多变而怀疑,也不因急于突围而走邪路。

泰卦六四爻:翩翩不富以其邻,不戒以孚。

【释义】上下交合,相信对方。

【管理之道】组织内部上下级之间坦诚交流,也是以彼此信任为基础的。在上位者谦恭待下,充分尊重来自下层的意见和建议;在下位者积极建言,为上层决策提供充分的资讯。

泰卦六五爻：帝乙归妹，以祉元吉。

【释义】帝乙下嫁妹妹，追求福祉圆满。

【管理之道】组织内部上下级之间彼此信任，关键在领导层。如果领导高高在上，与大家既不共苦更不同甘，对下层的处境和遭遇视而不见，对大家的心声愿望听而不闻，对大家的要求无动于衷，这怎么可能得到下级的信任和支持呢？如果领导层总能在必要的时候用思想统一大家的精神意志，用目标引领大家的行动方向，用利益激励大家的积极性，那么就能实现与部下的心心相印，就能追求圆满。

泰卦上六爻：城复于隍，勿用师，自邑告命，贞吝。

【释义】事情逆转无可挽回，如同城墙坍塌填平壕沟，采取大的行动也无济于事，混乱局面出现，一味坚守也不会有太好的结局。

【管理之道】尽管从领导层的愿望来说希望长治久安，但是事物发展既然有否极泰来，也就不可能永远处在安泰的状态。因此领导层应该有居安思危之心，有防患于未然之举，有应对不测之策，当和谐局面遭到破坏，能够确保各级组织把损失减少到最低程度，这是领导的智慧，更是领导的责任。

【泰卦智慧检验高管团队与领导层上下交流融通，共谋发展】
是否团结了志同道合之人一起前进？
团队内部是否坦荡、包容并富有感恩和牺牲精神？
领导与高管之间，不怕乱，就怕骗；
彼此信任，多交流、多沟通，才有利于和谐发展；
把领导层的思想变成大家共同的愿望和追求；
如何用制度确保长治久安？

【仿泰卦】
初九：利用上下融通的大好局面，奋力前行。
九二：打造彼此包容、敢于负责、光明磊落的优秀高管团队。
九三：上下级彼此信任，各守其职，坚守正道。

六四：在彼此信任的基础上坦诚交流，相互支持。

六五：领导层与大家利益共享，使命共担。

上六：融责任、智慧、领导艺术于一体，致力于长治久安。

第二章

临卦：高管团队与资金管理

既然财如水，就应当发挥其滋养万物的积极作用。高管团队如果有聚财之能、聚才之德，又有用财之道、容人之德，那么就一定有融悦之象、聚合之势。

根据八卦易象分类排列，高管团队属坤，资金属兑，二者结合，坤上兑下，就是六十四卦中的地泽临卦。在六十四卦易理应用体系中，地泽临卦很好地反映了高管团队与资金管理的关系，揭示了高管团队如何发挥资金作用、创造价值、促进发展的智慧之策。

临卦卦辞：元亨利贞。至于八月有凶。

【释义】有好的开端，发展顺畅，各种要素有机整合，有好的结果。但一段时间后会向不利的方面转化。

【管理之道】致力于带出高素质的团队，整合人、财、物等要素，实现企业的顺利发展，争取良好的结果，这是高管团队分内之责，也是检验高管团队素质和能力水平的重要指标。不仅如此，还要争取平稳、可持续、健康发展，谨防出现情势逆转。

临卦大象辞：泽上有地，临。君子以教思无穷，容保民无疆。

【释义】兑下坤上，泽上有地，这是临卦之象。君子就应当持续不断地教育民众、关心民众、容纳民众、呵护民众。

【管理之道】运用物质激励手段实施管理，不是特别新鲜的做法，使用得当，能取得预期效果，但使用不当，就会适得其反。高管团队应该意识到这一点，在实际管理中，既不以"发钱"收买人心，也不以"罚钱"威胁大家，而是把重点放在关心大家、包容大家，用精神引领大家，并提升大家的素质。简单说就是为大家着想，给大家服务。这也是企业文化建设的目的之一。

临卦初九爻:咸临,贞吉。

【释义】用感情来管理,只要动机纯正,效果一定好。

【管理之道】"重赏之下必有勇夫",这句话有一定的道理;"钱并不是万能的",这也是普遍现象。所以,高管团队实施激励,除了物质奖励,还应该大量使用精神激励,用真挚而浓烈的感情面对大家,感化而不是利诱,最终达到情感上的认同和目标上的一致。同时,高管获得高薪,合乎情理,但是比高薪更有价值的是事业平台、发展机遇、前途地位以及自我实现,所以对高管团队的管理和激励也应该重视精神和情感。

临卦九二爻:咸临,吉,无不利。

【释义】用情感管理,吉利,没什么不好。

【管理之道】用人文情怀营造亲情管理的氛围,把企业变成大家的精神家园,带领大家在行动中获取利益。

临卦六三爻:甘临,无攸利。既忧之,无咎。

【释义】用甜言蜜语忽悠,不会有好结果。意识到这一点,就不会有过错。

【管理之道】强调情感管理,重视精神引领,不是不要物质利益,更不意味着可以用甜言蜜语忽悠大家。重视物质利益,但不是诱惑;强调情感关怀,但不能忽悠。高管团队要善于借助利益机制和情感凝聚把大家团结起来。

临卦六四爻:至临,无咎。

【释义】亲力亲为,不会有错。

【管理之道】高管不应高高在上,而应该深入基层,与群众在一起,这样才不会犯主观主义错误。深入基层,有助于高管了解实情、发现问题,可以实地近距离考察和感知大家的工作状态。当然,从情感管理的角度来说,深入基层更有助于掌握大家的需求,从而施行更有针对性的激励举措。

临卦六五爻:知临,大君之宜,吉。

【释义】用智慧来管理,这是君王的最佳选择,所以吉利。

【管理之道】做智慧型领导,以思想制胜,这是高素质高管团队的重要特征。企业高管不仅要善于亲力亲为,更要善于智为。人格魅力是智为,用人不疑是智为,善于授权是智为,激励大家是智为,思想引领也是智为。卓越的高管,不在于出力流汗,而在于给大家创造心情舒畅的工作环境;不在于就事论事,而在于深层次联想思维;不仅能有效解决已有问题,还能及时发现可能存在的隐患。

临卦上六爻:敦临,吉,无咎。

【释义】用敦厚的人格魅力实施管理,吉利,没有过错。

【管理之道】用人格魅力实施管理,这应该是管理的最高境界。大家认可的至高无上的管理者,不是令人不寒而栗、战战兢兢的凶神恶煞,而是宽仁广德、富有亲和力的群众领袖。他们常怀仁爱之心,有容人雅量,善于听取大家的心声,营造和谐温馨的氛围,常常成为大家团结起来的中心。有这样的领军者,定会带出一支有凝聚力和执行力的卓越的团队。

【临卦智慧检验高管如何发挥资金的激励作用】
是否只有物质奖励而忽视精神奖励的作用?
是否愿意为营造良好的精神环境而投资?
是否把精神激励变成了空洞的高调,而无物质利益做基础?
是否能够在利益面前与大家同甘共苦?
是否愿意为思想出高价?
是否引导大家把关注物质利益转变为关注素质提升?

【仿临卦】
初九:把物质奖励包含在精神奖励之中,提升物质奖励的无形价值和吸引力。

九二:舍得花钱营造良好的精神氛围,环境美影响心灵美。

六三:不忽悠,不唱高调,用机制确保精神引领、利益跟进。

六四:利益面前不搞特殊化,与大家同甘共苦、心心相印。

六五:让思想比金钱更有价值。

上六:提升素质、增强魅力胜过物质奖励。

第三章

明夷卦：高管团队与生产技术

高管团队在生产技术管理中发挥作用，一个很重要的体现就是在生产发展和技术进步遇到困难的时候要善于总结，以柔克刚，越是在困难的时候，越要坚持理想信念，越要坚守正确的道路。

根据八卦易象，高管团队属坤，生产技术属离，二者结合，坤上离下，即是六十四卦中的地火明夷卦。

明夷的意思是光明被掩盖、能量被埋没。生产技术遇到困难，发展进步受到阻碍，也是这种状况。所以，在六十四卦易理应用体系里，明夷卦重点揭示高管团队如何克服生产技术中的困难。

明夷卦卦辞：利艰贞。

【释义】在艰难困苦中坚守正道，这才是有利的选择。

【管理之道】高管团队在很大程度上决定着企业的前进方向，尤其是在生产技术面临困难的时候，高管团队的选择举足轻重。尽管不会妥协，但如果在方向和路径选择上有瑕疵，其后果也可能是致命的。

"我们的同志在困难的时候要看到成绩，要看到光明，要提高我们的勇气。"人民领袖毛泽东的这段话，完全阐释了明夷卦辞的基本含义，应当成为高管团队在面对任何困难时的基本遵循。

明夷卦大象辞：明入地中，明夷。君子以莅众用晦而明。

【释义】光明隐入地中。领导们由此领悟到韬光养晦的道理，这样才能了解到群众的心愿，做到心知肚明、胸中有数。

【管理之道】在艰难困苦中适当掩藏起自己的意志，低头俯身、潜心凝志，与群众打成一片，深度了解群众心愿，深入考察困难根源，这就是韬光养晦的大智慧,是在困难环境里寻求解决问题之道、寻求发展突破的正确选择。

明夷卦初九爻:明夷于飞,垂其翼;君子于行,三日不食,有攸往,主人有言。

【释义】飞鸟受到伤害,扇动双翅逃离;君子感受到危险,不顾一切选择离开。

【管理之道】防患于未然是一种大智慧。当危险还没有降临之时,就做好防范,一旦发现有危机,立即采取远离、隔离措施。

科学预判、提前准备、先机而动,用避害之举确保生产技术安全,是高管团队生产技术管理的基本原则之一。那种在困难之后的解困之举,不管效果如何,总是要花费一定代价的。

明夷卦六二爻:明夷,夷于左股,用拯马壮,吉。

【释义】就好像左腿受伤,只好借助强壮的马匹逃离,结果很好。

【管理之道】面对比较严重的困难,一方面要发挥企业内部的力量积极想方设法加以解决,另一方面也可以积极寻求外部资源,增强自身战胜困难的力量,化解所面临的问题。

明夷卦九三爻:明夷于南狩,得其大首,不可疾贞。

【释义】在不利的环境里,选择正确的方向采取行动,会有收获,但不可操之过急。

【管理之道】在困难之中的所有行动,都必须建立在科学分析的基础上,做到谨慎行动,务求必胜。

对高管团队而言,首要的是分析困难来自哪里、根源何在,在这个基础上周密策划,确立解决困难的正确方向和基本路径,明确所要达到的基本目标,制定具体、细致、得力的措施。

明夷卦六四爻:入于左腹,获明夷之心,于出门庭。

【释义】就像纣王的兄长微子那样,知道纣王心性残暴,于是选择到他国寻求避难。

【管理之道】高管团队面对困难,还有一个更严峻的考验,那就是一旦查明导致困难的原因来自领导层,高管团队该何去何从呢?或据理力争,或拒绝执行错误指令,或者"消极怠工",不管怎么说,不与邪恶同流合污应该是正确选择。

明夷卦六五爻:箕子之明夷,利贞。

【释义】像纣王的叔父箕子那样在纣王面前装疯卖傻,是为了确保自身不受到伤害。

【管理之道】如果无法纠正领导层的错误,那就选择使自己免受伤害的做法。历史上这样的臣子有很多,爻辞中提到的箕子就很典型,他假痴不癫,巧妙周旋,随势而变,以假乱真,用智慧之策保护自己。高管团队在大是大非问题上一定既要坚持正义、明辨是非,又要善于保护自己、躲避伤害。

明夷卦上六爻:不明晦,初登于天,后入于地。

【释义】就像纣王那样,昏聩不明,起初威震四方,后来自取灭亡。

【管理之道】面对生产技术中的问题,高管团队所表现出来的战胜困难的自信心很重要,所秉持的坚守正义的立场很重要,所采取的内引外联、多方攻关的举措很重要。而可怕的是没有危机意识,没有风控意识,没有迎难而上的勇气,没有解决困难的举措。

【明夷卦智慧检验高管团队如何处置生产技术上遇到的困难】
高管团队在生产技术管理中是否有风险预警机制?
高管团队在生产技术管理中是否有处置危机的快速反应机制?
高管团队在生产技术管理中是否有严谨科学的工作流程做指导?
高管团队在生产技术管理中是否能有效抵制错误决策和错误指示?
高管团队在生产技术管理中是否有自我保护机制?
高管团队在生产技术管理中是否有长效机制?

【仿明夷卦】
初九:警钟长鸣,科学预判,准备在先。
六二:内部攻关,外部借智,双管齐下。
九三:明确方向,认准目标,规划路径。

六四：自力更生，外包服务，分散难题。
六五：做足预案，多手准备，规避风险。
上六：长效机制，慎终如始，持之以恒。

第四章

复卦：高管团队与营销管理

高管团队在八卦易象中属坤，营销宣传在八卦易象中属震，二者结合，坤上震下，就是六十四卦中的地雷复卦。复卦本义是说一阳初生，事物发展处在孕育力量的阶段，也代表正气回归、秩序恢复。

高管团队重视营销宣传，就应该时刻关注营销宣传活动，并积极作为、守正作为、适时作为、适度作为，确保营销宣传活动一旦发生偏离企业发展目标的迹象，能够在第一时间予以纠正，使其回归到正确的轨道上来。

复卦卦辞：亨，出入无疾，朋来无咎；反复其道，七日来复，利有攸往。

【释义】出现亨通吉祥，可以走出去，也可以请进来；尽管还会有反复，但不会改变走向亨通的趋势，采取积极的行动是有好处的。

【管理之道】对企业发展来说，营销宣传无疑非常重要。高管团队要高度关注营销宣传活动，确保其效果有助于企业发展目标的实现，而不是背离这一目标，更不能有损企业发展目标。

在这一基本原则之下，采取走出去、请进来的做法，扩大影响、树立形象，接受批评、接纳建议，最大限度发挥营销宣传的积极作用，为实现企业发展目标摇旗呐喊。

复卦大象辞：雷在地中，复。先王以至日闭关，商旅不行，后不省方。

【释义】雷在地下，尚未发作。古代君王在冬至这一天下令关闭关口，商旅不行，君王也不出行视察。

【管理之道】营销宣传活动事关企业发展、企业形象，必须慎之又慎，做好前期的科学调研和可行性分析，做好详尽的文案策划、活动筹划和配套安排，这些都是十分重要的环节。

营销宣传活动切忌准备不足就仓促出手,所以,高管团队要发挥高层领导的主导作用,对营销创意精雕细琢,对可行性方案仔细推敲,建立工作机制,健全组织机构,落实人、财、物,核算投入产出,把文案工作做细、做实、做全面,形成配套的指导原则、行动方案、实施细则、信息反馈处置,并对营销宣传全程介入,随时注意趋势变化,及时纠正出现的问题。

复卦初九爻:不远复,无祗悔,元吉。

【释义】问题刚一出现就立即纠正,不会带来懊悔,一切都会很美好。

【管理之道】充分的前期准备是为了确保不发生失误和过错。如果在营销宣传活动之初发现错误,应当立即纠正,这样才不至于在错误的道路上越走越远。

及时纠偏、纠错是为了避免造成更大的损失。只有敢于面对错误,勇于纠正错误,才会有理想的结果。

复卦六二爻:休复,吉。

【释义】很高兴地回归正道,自然大吉大利。

【管理之道】闻过则喜,见善则迁。面对已经发生的过错,不能怨天尤人,不能一味哀叹,而应该振奋精神,直面问题,追根溯源,制定有针对性的纠错举措,推动营销宣传继续前行。

确保不因工作中出现问题而影响团队的情绪,这应该是高管团队在管理过程中秉持的基本原则之一。要善于确立真善美的坐标,以企业文化为指导,用企业理念统一大家的思想,提振大家的精神。

复卦六三爻:频复,厉,无咎。

【释义】错误一再发生,这是很危险的;能不断纠正,才不会有灾祸。

【管理之道】工作中有过错不可怕,纠正了就是。但是,如果一而再再而三地出现问题,这恐怕就要认真对待了。

营销宣传工作不断发生意外,这就应当引起高管团队的重视:究竟是外部环境变化太快、太大,还是营销宣传计划有缺陷?或者是具体组织实施的人有问题?允许出现反复,但不能反复无常。所以,要加强机制体制建设,力争在每一次犯错之后都能深刻反思总结,能把教训转化为完善机制的举措。

复卦六四爻：中行独复。

【释义】保持中庸，独善其身。

【管理之道】高管团队的精神状态、工作作风、科学态度、处事能力，对营销宣传工作有着直接的影响。高管团队立意高远又脚踏实地，营销宣传工作就会求真务实、高效推进；高管团队克己奉公、心正行端，营销宣传工作就会方向不偏、行为无瑕。

复卦六五爻：敦复，无悔。

【释义】敦厚地复归正道，不会懊悔。

【管理之道】高管团队发挥精神引领作用，对于做好营销宣传具体工作影响重大。敢于担当使命，勇于担当责任，不揽功不诿过，以至纯至厚的道德修养、至高至大的精神境界带领团队认真、敬业地开展工作，应该成为高管团队的集体标准像。

复卦上六爻：迷复，凶，有灾眚；用行师，终有大败；以其国君，凶，至于十年不克征。

【释义】迷而不知返，有凶有灾有人祸；执意而为，必有大败；连累国君、影响国运，长期不能取胜。

【管理之道】所有的错误都与人、与体制机制有关。高管团队应该从两方面着手来解决防错、纠错的问题：一是强化用人机制，真正做到放手使用贤德之人，有效防范执迷不悟之人，高度警惕阳奉阴违之人，坚决远离别有用心之人；二是建立健全纠错机制，做到第一时间发现，第一时间反应，第一时间制动，第一时间纠正，坚决杜绝错误引发连锁反应。

【复卦智慧检验高管团队如何有效驾驭营销宣传活动】
如何确保第一时间发现问题？
如何确保有效纠错而不迟滞营销宣传？
如何确保纠错之后不再反复无常？
如何确保高管团队精神鼓舞而非颐指气使？
如何确保高管团队思想引领而非指手画脚？
如何确保机制化运行而非个人意志说了算？

【仿复卦】

初九:开端良好,成功一半;见错即改,大势无碍。

六二:鼓励发现问题,鼓励提出建议,鼓励改正错误。

六三:总结教训,提升水平,把每一次纠错当作完善进步的台阶。

六四:立意高远,脚踏实地;求真务实,力戒瑕疵。

六五:精神引领,目标导航。

上六:用人无误,机制无缺。

第五章

升卦：高管团队与外部资源管理

六十四卦易理应用体系中，企业的"外脑"智力资源属于外部资源的重要内容，按照传统说法可以称之为高人、贵人、贤人等，用《周易》爻辞来说就是"大人"。高管团队若能得到企业"外脑"智力资源帮助，自然有助于事业亨通发展，步步高、连连升，有贵人指路，自然吉祥无忧。

八卦易象中，高管属坤，公众属巽，二者结合，坤上巽下，就是六十四卦中的地风升卦。升卦，揭示对待高人的基本态度和行为准则，六爻就是六条原则。这里重点阐释高管礼遇高人之道。

升卦卦辞：升，元亨。用见大人，勿恤。南征吉。

【释义】升卦，和顺亨通。有贵人、大人相助，无须忧虑，采取行动会得到好的结果。

【管理之道】在一个充满生机活力、朝气蓬勃的环境里，发展和升进是基本的趋势，这时如果能得到高人指点，就会如虎添翼，即使遇到一些困难障碍，也能有效克服。高管团队面对这样的局面，应该有意识采取积极的行动，以获得超出预期的结果。概括来说，升卦卦辞给高管团队指出了一条重要的原则：要善于把握有利时机，善于借助高人智慧，善于采取行动，并把这三者结合在一起，就无往而不胜。

升卦大象辞：地中生木，升。君子以顺德，积小以高大。

【释义】地中生木，是升卦之象。领导者由此感悟到要顺德而为，不断积小以成就高大。

【管理之道】先贤有言："木之生也，一日不长则枯；德之进也，一息不慎则退。"这句话十分明确地指出，人的道德修养当在日日、时时、事事、处处、点滴之中,须臾不可造次懈怠。作为组织内部重要的领导力量,高管团队应当尊崇道德之势,使自己的行为合乎规范,不断进修,不断累积,不断提升,从平凡走向非凡,从平庸走向高尚,以此凝聚众人,众志成城,不断取得更大的发展和胜利。

升卦初六爻:允升,大吉。

【释义】果断升进,大吉。

【管理之道】高管团队一旦得遇高人指点、贤人相助、贵人相帮,就应当乘势而为,追求发展和进步,正所谓"好风凭借力,扬帆正当时"。选择与贵人、高人、贤人为伍,就是选择与升进的力量融合在一起,一定会有好的结果,高管团队应该具有这样的意识,不仅仅明白这个道理,更应有行动。这就是对待高人的第一条原则:与贵人结缘,向贤人借智,由高人指路。

升卦九二爻:孚,乃利用禴,无咎。

【释义】有诚信,即使是以简单的仪式来对待,也没有过错。

【管理之道】在人际交往中,诚信永远是最有价值的要素。以诚信作为最坚实的基础,是打开人际交往大门的钥匙。坚守诚信,也是事业发展和升进的坚实基础。在人际交往中,尤其是与高人打交道,不一定追求形式的华丽和面子的光鲜,但一定要诚心实意。形式简单甚至简陋,充其量是小瑕疵,但虚情假意地奉迎,却是不可原谅的错误。对待高人的第二条原则:可以不讲排场,不能不讲诚信。

升卦九三爻:升虚邑。

【释义】继续升进,如入无人之地。

【管理之道】借助高人、贵人、贤人的得力支持,不断取得发展和进步,这是好事情,但是如果把所有的希望都寄托在高人、贵人、贤人身上而完全依赖之,就非常不好了。高人、贵人、贤人的作用相当于"扶上马送一程",但不会陪你到终点。尽管外在的支持力量很重要,但是毕竟不能代替内在因素的根本性作用,只有把外在的支持与自身的努力结合起来,才会在遇到困难的时候如入无人之境,最终实现良好的发展。面对高人指点,一味地俯首听命而唯唯诺诺,未必可取;对高人指点完全置若罔闻而固执己见,则肯定不可取。

总之,面对高人指点,一意孤行、刚愎自用与言听计从、毫无主见都是错误的。所以,对待高人的第三条原则:可以借智,不能无智;切忌妄为,但须有为。

升卦六四爻:王用亨于岐山,吉,无咎。

【释义】侯王在岐山举行祭祀,吉利,没有过错。

【管理之道】如果是借用历史事实来说明某些道理,那么"王用亨于岐山",是指周太王即古公亶父当年为了躲避戎狄侵扰而被迫迁徙到岐山周原,所要揭示的道理大致是说要善于顺势而为,同时不违规越制。周太王迁徙到周原是顺势而为,祭祀山川是依礼而为。对高管而言,既有最高领导层的决策引领,又有高人、贤人、贵人指点,采取行动还能有错吗?对待高人的第四条原则:广泛听取意见,善于顺势而为。

升卦六五爻:贞吉,升阶。

【释义】持守正道,登阶而升。

【管理之道】坚守正道可获吉祥,犹如拾级而上步步高升。高管处在高位,不仅要有力有为,更要有高尚的品德、高博的境界、高远的追求,以自己的道德修养和人格魅力赢得部下的追随,也获得高人、贤人、贵人的认可和辅佐。对待高人的第五条原则:听忠言,图良策;守正德,走大道。

升卦上六爻:冥升,利于不息之贞。

【释义】昏昧地升进,必须始终持守正道。

【管理之道】不断追求,不断发展,不断超越,不断突破,这是很多领导和高管追求的结果,但是在这样的状态下,要保持高度清醒,谨防物极必反,因为一时的懈怠,很可能使形势急转直下,走向衰落。所以,越是不断发展,越要慎终如始、坚守正道。对待高人的第六条原则:慎终如始走正道。

【升卦智慧检验高管对待高人、贤人、贵人的原则和态度】

始终选准对象,不可朝三暮四;

始终坚守诚信,不可徒有其表;

始终兼听慎思,不可刚愎自用;

始终恪尽职守,不可肆意妄为;

始终正道而为,不可背信弃义;
始终谨慎以待,不可忘乎所以。

【仿升卦】
初六:与贵人结缘,向贤人借智,请高人指路,谋事业发展。
九二:求贤当敬贤,可以不讲排场,但一定要有诚意。
九三:善于纳忠言,更善于行正道,无往而不胜。
六四:广泛听取高参意见,积极主动,顺势而为。
六五:谨记忠言良策,始终坚守正道。
上六:慎终如始,谨防因一时懈怠而功亏一篑。

第六章

师卦：高管团队与群众队伍

根据八卦易象归类，高管团队在坤，群众队伍即企业人力资源在坎，二者结合，坤上坎下，就是六十四卦中的地水师卦。

师卦，本义就是讲团队集体行动。一个团队，领导有方，群众有力，上下和谐，这样的集体行动才会所向披靡。师卦揭示高管团队带领群众队伍采取集体行动的基本原则。

师卦卦辞：贞，丈人吉，无咎。

【释义】正义之师，领导有威望，吉利，不会有灾祸。

【管理之道】团队行动要取得成功，有几个基本条件：首先是目标正确，其次是路径正确、方法得当，再次是纪律严明、制度如山，还有就是领导德高望重，能把大家凝聚在一起。

师卦大象辞：地中有水，师。君子以容民蓄众。

【释义】地中有水，师卦之象。君子人物由此而懂得包容民众，积蓄众人之力去夺取胜利。

【管理之道】地中有水，无穷无尽，水流所向，顺势而行。高管团队应领悟到"群众是真正的英雄"，群众中蕴藏着巨大的力量。所以在管理过程中，要善于发动群众，团结群众，吸收群众的智慧，包容大家的意见，采纳有益可行的建议，激发群众的积极性、主动性、创造性。

师卦初六爻：师出以律，否臧，凶。

【释义】集体行动一定要有严格的纪律，否则就很凶险。

【管理之道】团队不是团伙，更不是乌合之众，团队的标志之一就是用严明的纪律和规章约束大家的行为,令行禁止,步调一致。如果没有纪律规章的约束,或者有纪律规章但没有贯彻执行,或者纪律规章执行不到位,都容易产生各自为政、各行其是的现象,这对一个团队来说,无疑是很危险的。所以,高管应持续加强对群众进行纪律观念、服从意识的教育,使之养成自觉遵守规章制度、严格按规章制度办事的好习惯、好作风。

师卦九二爻:在师中,吉,无咎,王三锡命。

【释义】在军旅中有地位,吉利,无灾祸。多次受到君王褒奖。

【管理之道】在团队内部树立强有力的领导核心很有必要,这样的领导核心不仅指最高领导层,还包括在高管团队中有领导核心,在基层也应该有领导核心。不管是哪一层级的领导核心,都应该具备坚定刚毅的品格,面对艰难险阻镇定自若,有战胜一切困难的自信心;还应具备中庸思维,不意气用事,不走极端,不因情绪做出不当决策。只有这样,才会得到最高领导层的赞赏。

师卦六三爻:师或舆尸,凶。

【释义】打了败仗,拉着尸体回来,凶险的结果。

【管理之道】团队行动失败,往往是很多因素造成的,如果从自身内部找原因,有两点应该引起重视:一是政令不一、政出多门,大家无所适从;二是用人不当,平庸之辈居于领导岗位,指手画脚发号施令。团队领导不力,必然招致众说纷纭,众说纷纭必然导致行动混乱,行动混乱必然带来凶险的后果。为避免团队行动失败,就要杜绝使用平庸之人,对那些只知纸上谈兵、只会夸夸其谈,眼高手低、言过其实、有名无实者,要严加限制使用,而把那些有真才实学且有领导能力、管理能力的人提拔到领导岗位上来。

师卦六四爻:师左次,无咎。

【释义】军旅在左前方,没有过错。

【管理之道】高管团队带领群众队伍开展行动,无非是要取得预定的胜利,但是,取胜的前提条件是要确保自己立于不败之地。如果连不败都做不到,何谈取胜?所以,在取胜很困难的情况下,立于不败之地就是胜利,在不败都难以保证的情况下,把损失减小到最低就是胜利。因此,高管团队统领群众队伍,就必须高度负责,避免把组织置于不利处境或危险境地。

师卦六五爻：田有禽，利执言，无咎。长子帅师，弟子舆尸，贞凶。

【释义】如同田猎有收获，又如仗义执言，都不会有错。长子统帅军队，其他人也参与，就真的很凶险。

【管理之道】团队管理，重在步调一致。步调一致，首先是号令一致，不能政出多门。所以高管团队在带领群众队伍时，要有意识维护领导的权威，树立领导核心，谨防政出多门、政令不一，谨防干扰因素的消极影响。

师卦上六爻：大君有命，开国承家，小人勿用。

【释义】君王颁布命令，对有功之人分封奖赏土地，但小人不可重用。

【管理之道】每当团队行动结束，就应当进行深刻全面的总结，并根据各自表现论功行赏。对造成严重后果的，要追究其责任，严肃处理；对于一些表现优异的基层成员，可以重奖，但不一定要重用，让他们在自己熟悉的工作岗位上更好地发挥作用，就是对他们最大的肯定和最好的重用，也是最有效的保护。把劳模提拔到领导岗位，未必就是最好的做法。

【师卦智慧检验高管团队群众队伍管理之道】
制度约束是否到位？
基层组织是否健全？
基层领导是否胜任？
高管团队是否谋划周备？
高管团队是否政令统一？
高管团队能否赏罚分明？

【仿师卦】
初六：严格的规章制度要严格执行。
九二：在各级树立强有力的领导核心。
六三：根据能力结构合理使用人才。
六四：建立风险防控机制，立于不败之地。
六五：建立高效指挥系统，确保政令统一，步调一致。
上六：奖励机制、惩戒机制、保护机制、防范机制，四位一体，缺一不可。

第七章

谦卦：高管团队与规则制度

对高管团队而言，制度规则更多的是一种永在心里的自律，是对职责使命的自省，是对权力的敬畏之心。才高而不自诩，德高而不自矜，功高而不自居，名高而不自誉，位高而不自傲。对规则制度始终保持谦敬畏惧，才不会在职业生涯中犯自以为是的错误。

八卦易象中，高管团队属坤，规则制度属艮，二者结合，坤上艮下，就是六十四卦中的地山谦卦。谦卦揭示高管团队对规则制度的敬畏之道。

谦卦卦辞：谦，亨，君子有终。

【释义】谦恭，就亨通，君子应始终保持这一美德。

【管理之道】高管团队成员，处在较高地位，应该不断提醒自己保持谦恭、谦敬的态度对待工作、对待群众、对待规章制度，只有这样，才能有利于企业的发展，才会取得令人满意的结果。傲慢无礼、目空一切、肆意践踏规章制度的做法，不应该是高管团队成员应有的表现。

谦卦大象辞：地中有山，谦。君子以哀多益寡，称物平施。

【释义】山在地中，谦卑之象。君子由此懂得削减多余、增益不足，使其互相协调、和谐发展。

【管理之道】包括规章制度在内，所有的管理都应以追求协调平衡、和谐融洽为前提，以实现事业的健康、可持续发展。高管团队要在制度化管理中协调好上下级关系，处理好职能部门之间的协作关系，解决好团队成员间的相互关系，营造和谐融洽的良好氛围，使大家心情舒畅地投入到工作中去。

谦卦初六爻：谦谦君子，用涉大川，吉。

【释义】做一个谦卑自守的君子人物,可以大吉大利走天下。

【管理之道】高管团队身处强势地位,支配大家的意志,指挥大家的行动,调动大家的力量,去实现组织的目标。如果在运用手中权力的时候,能如谦谦君子那样,对制度谦敬,对领导谦卑,对群众谦虚,对工作谦恭,那他一定会具有超强的人格魅力,并能借此形成强大的吸引力和凝聚力。一个优秀的高级管理者,既不因手中有权而强势,也不因谦谦之态而无为,但对规章制度保持必要的谦敬则是最基本的。

谦卦六二爻:鸣谦,贞吉。

【释义】谦谦之德引发共鸣,很好。

【管理之道】谦谦之态不是作秀,更不是虚伪,而是以深厚品德为基础,发自内心地自省自知。所以,高管团队成员要不断提升自己的境界情操,获取大家的认可、共鸣和追随,这才是最好的局面。企业文化建设从某种程度上说就是对企业优秀传统和优异品质的认知、认同、接受、践行,这就是共鸣。需要注意的是,达到共鸣,不是树立个人威信"另立中央",不是结党营私搞小团体,而是要在规章制度的框架之内,最大限度地凝聚人心、团结群众,为企业发展做贡献。

谦卦九三爻:劳谦君子,有终,吉。

【释义】辛劳而谦恭,必有好结果,自然吉利。

【管理之道】高管团队不仅要身先士卒,还要高风亮节,在规章制度许可的范围内,带领大家通过合理的手段和途径建功立业,但不揽功为己有。这样的人带领团队干事业,大家乐于服从和追随。如何把道德引领纳入机制体系内,以使其更好地发挥作用,是高管团队必须解决好的重大问题。

谦卦六四爻:无不利,㧑谦。

【释义】很好地发挥谦卑之德,这样做对自己很有利。

【管理之道】有时候,对于高管团队成员来说,需要对上谦敬有为之领导,对下谦让有功之群众,这就是谦德的具体表现。也只有这样做,才会得到领导的信赖和群众的支持。通过企业文化建设,把谦德变成大家共同的素质,使其融入每个成员的灵魂中,并在行动中自觉体现,就是习惯养成。

谦卦六五爻：不富以其邻，利用侵伐，无不利。

【释义】领导既能够谦逊待人，也可以领兵征伐，这没有什么不好。

【管理之道】身居高管领导之位，就要能做到以德服人，还要能以义行天下。刚柔相济、恩威并重，才是一个优秀的高级管理者应有的品质。谦敬，是有原则的；制度，也应该有温情的一面。把二者很好地结合起来，既有精神的引领，又有制度的约束，才能无往而不胜。

谦卦上六爻：鸣谦，利用行师，征邑国。

【释义】谦逊之德得到共鸣，有利于团结力量开展征讨。

【管理之道】在团队内部，强调高管彰显谦恭美德，但绝不意味着无所作为，更不是软弱无力、六神无主，而是积极作为。要善于利用团队成员思想认同、心理共鸣的大好局面，不断积极行动，为企业创造价值和利益。

【谦卦智慧检验高管团队如何对待规章制度】
高管成员是否能做到谦谦君子以礼待下？
高管成员是否得到了群众对自己人格魅力的认同？
是否做到了建功而不居功？
是否把谦敬之德融入管理之中？
待人处事是否做到德义双行？
是否在成功之后谦虚而不自满？

【仿谦卦】
初六：对规章制度保持谦敬之心。
六二：在制度框架内，让自己成为团队凝聚的中心。
九三：带大家建功立业，让大家分享功利，这不仅是品德修养，更要有机制保证。
六四：把谦敬之德变成大家共同的素质，违背规章制度的事情就不会发生。
六五：把谦敬之心融入规章制度中，恩威并重。
上六：善于利用思想认同积极推动事业发展。

第八章

坤卦：高管团队建设的基本原则

坤卦在卦象中代表臣，在组织管理中对应的是高管团队。

如果说领导者是君，高管团队成员就是群臣，事业发展，一定是君臣一心甚至是君臣一体共同努力的结果。历史上的贞观之治就是君臣一心最好的成功案例。

坤卦，坤上坤下，是同卦重叠，在六十四卦易理应用体系里阐释高管团队建设及管理的基本原则。

坤卦卦辞：元亨，利牝马之贞。君子有攸往，先迷后得主。利西南得朋，东北丧朋。安贞吉。

【释义】一开始就亨通，要有像母马负重那样的品德，既有所作为又甘于忍受。独自前行容易迷失，需要找到领路人。在自己的位置上得到支持，离开位置就可能失去力量。人品好，结果就好。

【管理之道】这段看似谜语一般的卦辞，其实是在阐释高管成员事业亨通必须坚持的四项基本原则：

第一，紧跟领导，切忌摇摆、徘徊、犹豫和背叛（卦辞所谓"利牝马之贞"）。认准了自己追随的领导，就要始终紧跟，像负重赶路的母马那样顺从而健行。

第二，跟着领导的决策走，而不是替领导做决策（卦辞所谓"君子有攸往，先迷后得主"）。可以为领导分忧排难，可以为领导提供参考意见，可以发表自己的看法，可以提出行动建议，但最终的决策权、决定权一定是最高领导者而不是高管自己。通俗地说，高管要善于给领导配唱、与领导合唱，而不是先于领导独唱。

第三，要有角色意识和定位意识，道不同不相为谋（卦辞所谓"利西南得朋，东北丧朋"）。坤卦方位所在是西南，而东北方则是艮卦（以山为象，代表走不通），也就是说，坤卦指代的事物只有在属于自己的位置上和环境中才会有所收获，任何偏离角色和定位的做法都只能导致失败。身为企业高管，必须对自身有清晰的角色定位，做到"出力不出名，建功不揽功，到位不缺位，献策不决策"。

第四，事业与个人职业的可持续发展，缘于道路正确和品德端正（卦辞所谓"安贞吉"）。高管成员，不论其地位有多高，在领导者那里，永远都是配角，是响应者，是传达者，是宣传者，是执行者，完全、彻底地执行最高领导层的决策，对组织忠心耿耿，对工作恪尽职守，就能够在组织事业的不断发展中获得自身职业生涯的辉煌。

坤卦大象辞：地势坤，君子以厚德载物。

【释义】应该像大地那样厚重质朴，有这样深厚的品德修炼，才可以担当起自己的使命重担，并承受一切加于其身的负担。

【管理之道】对于追随最高领导者的高管而言，第一重要的是道德品质。厚德方能载物。高管团队成员必须以自己的良好品德为基础，对上忠心耿耿，对下包容团结。

厚德是个人的道德修养，载物是职责使命担当。称职的高层管理者在处理与最高领导者的关系时，一定要做到"五个一"，即：一条心、一条道、一条船、一个方向、一个声音。

坤卦初六爻：履霜，坚冰至。

【释义】鞋上有霜，意识到冬天快要到了，将会出现坚冰。

【管理之道】寥寥五个字，却包含了对为臣者基本素质的深刻揭示。

一脚踩出，发现有霜，应该意识到天气骤然转冷，照此发展下去就是冬天来临，难免冰封雪飘。这应该是这段爻辞的基本含义。那么，这个含义又隐隐暗示什么呢？答案就是：敏锐的观察和缜密的思维。

当一种现象出现的时候，你应该能观察到其背后的原因，能够透过现象看到本质；当一种现状摆在面前的时候，你应该能够敏锐地意识到其发展趋势和未来的结果；当其他人还在对一些事情看热闹的时候，你应该敏锐地发现其玄妙的门道。所谓"一叶落而知秋至"，就是这个意思。

"履霜"是现象，是现状；"坚冰至"则是问题的实质，是趋势和结果。如果

"履霜"所指代的现象、现状是事业发展中出现的一些苗头,而"坚冰至"正是我们所希望的趋势和结果,那么就应该强化和促进这一联系,顺势而为;如果"履霜"这一苗头所带来的"坚冰至"不是我们所希望出现的结果,那么就应该从"履霜"这一现状入手,想方设法阻止其进一步发展,通过有效手段和途径改变其发展趋势,或者最起码将"坚冰至"所带来的影响和损失降到最低程度。

事实上,在现实生活中存在着两种不良习惯,影响了我们的敏锐观察和缜密思维,那就是"视而不见"和"熟视无睹"。前者是有眼无珠、目中无物,看不到正在发生的变化;后者是看到了也没反应,看在眼里但没有放在心上,更没有进入大脑进行必要的分析判断。

《孙子兵法》中有这样的说法:"将者,国之辅也,辅周则国必强,辅隙则国必弱。"身为高管,重要的职责就是为组织发展提出周密细致的管理、治理措施。

高管人员应该见微知著,反应敏锐,举一反三,判断趋势。

坤卦六二爻:直方大,不习无不利。

【释义】平直、方正、博大,以德胜才,这样作为就不会有什么不好。

【管理之道】品德是安身立命的基础,这种品德于为臣者和高管而言,应该如大地一般厚重、平直、方正、博大,能承载和包容所施加于其上的一切,也就是平常所谓的"忍辱负重""任劳任怨"。

身为高管,追随领导,无须刻意而为,只要严格按照组织的要求原则和规章流程行动,以组织的目标为目标,以组织的价值为价值,以组织的利益为利益,以组织的道德为道德,就是最到位的表现,这就是品德立命。

坤卦六三爻:含章可贞。或从王事,无成有终。

【释义】收敛隐含才华,持守正道仁德。跟随领导干事创业,最终得到理想的结果。

【管理之道】为臣者既要有干事业的能力水平,又要时时韬光养晦,唯一需要展示的就是自己对组织和事业的忠诚,通俗地讲就是晦含才华、彰显品德。自觉听从组织和上级领导的安排,完成好承担的工作任务,含蓄作为。

坤卦六四爻:括囊,无咎无誉。

【释义】像扎紧口袋那样,不会有过错,也不会有荣誉。

【管理之道】要像扎紧口袋那样,把自己的表现欲望、内心冲动牢牢地装在无形的囊袋之内,尽可能做到谨言慎行。这是必不可少的自我控制。不因对声誉的追求而导致行为出错,不因别人的议论评说而改变自己的心态,以平和之心对待一切,内敛自保。

坤卦六五爻:黄裳,元吉。

【释义】黄代表君,裳是裤子,爻辞的意思是暗示为臣者应与君保持步调一致,才会有大好结果。

【管理之道】身为人臣之首,居于高管的最高层,越发需要与最高领导者保持高度一致。越俎代庖、目无领导、自作主张的做法往往成为团队不和谐的主要诱因,也是管理混乱、矛盾冲突的根源,也是很多人职业毁灭的主要原因。所以,越是位高权重,越要谦逊以求和谐。

坤卦上六爻:龙战于野,其血玄黄。

【释义】龙在原野上搏杀,遍体鳞伤,血染黄沙。

【管理之道】为臣者最大的失败莫过于自不量力地挑战最高领导者的地位。很多时候,在一些组织中有一些类似人臣之首的高管,自以为有实力、有影响、有感召力、有支持者,就变得不安分起来,对权力和地位的向往使得他忍不住要发动"宫廷政变",欲将最高领导者取而代之,这种现象就是爻辞所谓的"龙战于野"。

一般而言,这种做法鲜有成功者,因为"龙战于野"的结果不外乎三种:一是最高领导者将挑战者彻底击败;二是挑战者与最高领导者两败俱伤,而让第三方坐收渔翁之利;三是挑战者赶走最高领导者,坐上领导宝座,却因为"篡政夺权"而给别人留下有野心、难共事的印象。可见不走极端、服从领导才是应有之道。

坤卦用六爻:利永贞。

【释义】最有利的做法就是永远正直。

【管理之道】为臣者,当始终保持高洁的人品。以柔顺之德与最高领导者的刚健相呼应。

【坤卦智慧检验高管团队建设与管理之道】

你是一个敏锐的高管吗？很多问题你是否做到了看在眼里、记在心上、想在脑子里、准备在行动中？因为防患于未然，离不开敏锐的观察和思维。

你是一个厚德载物之人吗？身为高管，应当德才兼备、以德为先。古人云："德胜才谓之君子，才胜德谓之小人。"所以，坦荡、磊落、厚重、博大、容人就成为最重要的品德。

你是一个含蓄的人吗？不因为自己能干而在领导面前喧宾夺主；不与部下争利，不与同事争功，不与领导争名；到位不越位，超前不抢前；无才华者无为，无德行者无位。这些你是否都能做到？

你是一个内敛的人吗？你愿意保持沉默吗？面对别人的风光无限，你能坦然处之吗？你能否做到默默奉献而不求功名？把自己置于最高领导的阴影之中你心甘吗？出风头的事情给别人，而你无功无名，不悔吗？

你是一个能与领导保持一致的人吗？谦逊不是低三下四，而是与领导保持一致；不因位置显赫而引人注目；不因举止不妥而备受关注；上善若水，谦恭处事，不因自己的言行而成为领导团队的不和谐者。这些你是否做到了？

你是一个善于应变、和谐相处的人吗？永远不要走极端；决不与领导发生冲突；有能量、有地位、有本钱、有胜算，不是自己说了算；不安分、不自量、不识机，终将身败名裂。

【仿坤卦】

初六：善于观察，勤于思考，敏锐反应。

六二：坦荡正直，包容众人，忠诚于组织。

六三：德才兼备，立场坚定，追求成功。

六四：无意名利，不计毁誉，不贪功、不透过。

六五：自觉跟随，维护核心，和谐团结。

上六：服从领导，顾全大局，高风亮节。

用六：人品至上，磊落正派，始终如一。